Illustrationen:

Évalisa Agathon
Michèle Danon-Marcho
Jean Giannini
Monique Gorde
Studio Jay Advertising

Umschlag:
Monique GORDE

Texte:

Françoise Chapelon
Anne Cullier
Georges Gomez
Aline Hastey
Claudette Laine
Claude Lanssade
Claire Laury
Marie-Thérèse Métois
Gilberte Millour
Micheline Pipault
Frédérique Sauvage
Lucienne Vivaldi

99+1

kunterbunte Tiergeschichten

KARL MÜLLER VERLAG

Wie die Karusselltiere sich langweilten

„Noch vier Drehungen . . . noch drei . . . noch zweimal . . . noch eine Drehung. Jetzt ist Schluß. Ich bin müde", sagt das blaue Pferd mit der goldenen Mähne.

„Das hast du gut gemacht", sagt Peter, „wir sind die ersten."

„Willst du uns allen etwas Gutes tun?" fragt das blaue Pferd.

„Aber gern", antwortet der kleine Junge, „was soll ich denn machen?"

„Ganz einfach", meint das Pferdchen. „Wenn das Karussell geschlossen ist, heute abend, wirst du die Haken wegtun und die Schnüre abmachen und die Zeltplane ein wenig lüften."

„Und dann, blaues Pferd?"

„Dann werden wir sehen –"

„Kann ich nicht mit euch gehen?"

„Doch, du mußt nur auf meinen Rücken steigen."

„Also gut – dann bis heute abend." Peter springt von dem kleinen Pferd herunter. Der

Karussellbesitzer ist noch nicht wieder zurück. Er sitzt immer noch in dem kleinen Café nebenan und spielt Karten.

Als das blaue Pferd Heugeruch und die duftende Abendluft schnuppert, schüttelt es seine goldene Mähne.

Es möchte durch gemähte Wiesen dahingaloppieren, wenn der Himmel sich am Horizont rotgolden färbt. Es möchte ein freies Wildpferd sein. Im gestreckten Galopp rennt es die Straße zur Mühle entlang. Alle Karusselltiere laufen hinterher und fliehen. Das rosa Schwein mit dem Ringelschwänzchen und den lustigen Äugelchen, der graue Esel mit den langen silbernen Ohren, die weiße Kuh, die endlich einmal richtiges Gras fressen möchte. Die Nacht wird dem blauen Pferd nicht zu lang, um Peter auf seinem Rücken bis zum Ende der Welt zu tragen, dorthin, wo der Himmel auf die Erde stößt.

Der graue Esel hat Freunde auf der Wiese gefunden.

Es ist eine wunderschöne, herrliche Nacht. Unzählige Sternschnuppen sausen über den Sommerhimmel. Schweigend tanzen die Glühwürmchen. Alle Tiere wünschen sich, daß es nie Morgen werden solle. Sie springen fröhlich herum, und allmählich werden sie müde. Am Waldrand treffen sich alle wieder. Da steht eine kleine Hütte.

„Ob hier wohl die Hexe wohnt?" fragt das blaue Pferd.

„Nein", sagt Peter, „hier wohnt die Kräutermuhme."

„Aha", sagt das blaue Pferd, „vielleicht kennt sie ein Kraut, das immer glücklich macht?"

„Ich weiß es nicht, aber sie ist immer nett zu denen, die ihr gefallen."

„Wollen wir mal reingehen?" schlägt das blaue Pferd vor.

„Grüß Gott, meine Lieben", sagt Angelina, die Kräutermuhme, „tretet nur alle ein. Was kann ich euch anbieten? Ihr habt sicherlich Hunger, mitten in der Nacht. Möchtet ihr ein Stück Buchweizenkuchen?"

Peters Augen leuchten. Kuchen ißt er gerne.

„Laß uns nur machen, Kräutermuhme", meint das blaue Pferd, „setz dich in deinen Sessel. Wir rühren schon mal den Teig an." Das Schwein wird quirlen. Peter schlägt die Eier in eine Schüssel. Die weiße Kuh schüttet das Mehl dazu. Das blaue Pferd gießt die Milch in den Teig. Dann wird kräftig gerührt, und der Teig ist fertig.

Aber jetzt wollen alle Tiere den Kuchen auch backen.

„Jeder kommt mal dran", bestimmt das blaue Pferd, „schaut gut zu, wie ich es mache."

8

„Wie schön goldgelb der Kuchen wird", rufen die Tiere begeistert, „den soll Angelina haben!"

„Na wunderbar", sagt die Kräutermuhme, „blaues Pferd, nimm schon mal die Marmeladentöpfe aus dem Küchenschrank."

Peter tunkt seinen Finger in jedes Marmeladenglas und sagt: „Oh, Himbeeren, Brombeeren, schwarze Johannisbeeren, und hier ist Rhabarber. Lecker!"

„Grauer Esel", sagt Angelina, „korke mal die Flaschen auf. Es ist Apfelwein darin."

Pschsch! macht es, der Apfelwein schäumt über den Tisch.

Und dann essen sie, und es schmeckt ihnen wunderbar. Sie sind alle sehr fröhlich danach. Das rosa Schwein ist plötzlich müde geworden. Es geht nebenan in den Stall und macht neben seinen Brüdern ein kleines Nickerchen im Stroh. Auch die weiße Kuh macht es sich neben einem kleinen weißen Kälbchen im Stall bequem. Und dann laufen der graue Esel und das blaue Pferd übermütig hinaus, um ein paar Runden um das Kleefeld zu drehen.

Peter bleibt währenddessen bei der Kräutermuhme und hilft ihr abspülen und die Marmeladengläser wieder wegstellen.

Plötzlich entdecken die Tiere, wie sich im Osten der Himmel rosig färbt.

„Nun ja", sagt das blaue Pferd betrübt, „es ist nicht zu ändern. Kommt, wir müssen zurück." Die weiße Kuh läßt das Kälbchen im frischen Stroh zurück, der Esel vergißt Klee und Löwenzahn, und jeder besteigt wieder seinen Platz auf dem Karussell.

„Soll ich zumachen?" fragt Peter.

„Ja, bitte", sagt das blaue Pferd und schüttelt seine goldene Mähne, „du kommst ja doch wohl nochmal wieder, oder?"

Peter nickt, zurrt die graue Leinwand fest und befestigt die Haken.

Die blaue Drossel.

„Eins, zwei drei – ich fliege in den Obstgarten. Kirschen werde ich essen!" pfeift die Amsel glücklich in den herrlichen Morgen hinaus.

Der Obstgarten ist nicht weit, und die Kirschbäume brechen unter der Last der roten, runden Früchte fast zusammen. Einige Sperlinge sind schon da.

„Heh", denkt die Amsel, „die werden mir doch wohl noch was übrig lassen? Nun aber mal schnell!" Mit dem Schnabel voraus stürzt sie sich auf den Kirschbaum. Aber vor lauter Gier ist sie zu hastig. Statt auf dem nächsten Ast zu landen, fällt sie mitten hinein in einen Farbtopf mit blauer Farbe. Das ist eklig und klebt. Die Amsel versucht sich möglichst schnell zu befreien und zum nahen Brunnen zu fliegen. Da will sie ein Bad nehmen. Aber leider wird die Farbe blitzschnell trocken. Ganz fest haftet sie an ihren Flügeln und an ihrem Körper. Ihr orangefarbener Schnabel wirkt jetzt noch leuchtender orange. Verzweifelt ruft die Amsel ihre Freunde zur Hilfe. „Wir kommen!" pfeifen sie alle bereitwillig. „Wir sind schon da", rufen die kleinen Spatzen. Sie sind rundherum schön satt. Als alle die anderen Vögel sich um die blaugewordene Amsel herum niederlassen, fangen sie an zu lachen: „Wie komisch du aussiehst!" rufen

die Amseln und die Spatzen. „Mal wirklich was anderes!"

Da weint die blaue Amsel. Sie würde gerne selbst sehen, wie sie ausschaut. Aber obwohl alle Vögel versuchen, die Farbe vom Gefieder der armen Amsel wegzubekommen, will die verflixte Farbe nicht abgehen. Es wird sich wohl nicht ändern lassen, und die arme Amsel wird den Rest ihres Lebens blau bleiben.

„Nun gut, dann ist eben nichts zu machen. Ich werde mein Schicksal auf mich nehmen", sagt die Amsel schließlich und trocknet ihre Tränen. Sie ist auf den Rand des Brunnens geflogen und betrachtet sich im Wasserspiegel. Was sie sieht ist gar nicht so übel. Fast ist sie mit sich zufrieden. „Ich sehe ein bißchen einer seltenen Taubenart ähnlich", meint sie. Bei näherem Hinsehen müssen die anderen Vögel ihr recht geben. Jetzt betrachteten sie sie fast mit ein wenig Bewunderung. Sogar eine Taube findet, daß die blaue Amsel eigentlich sehr schön aussieht.

Die blaue Amsel tröstet sich indem sie viele, viele Kirschen ißt. Darüber vergeht der Tag im Handumdrehen. Erst spät am Abend fliegt die Amsel in den mondbeschienenen Wald zurück. Als sie sich zur Nacht auf einem Baum niederläßt, ist sie gar nicht mehr traurig.

Tauperle.

Tauperle sitzt am Ufer des kleinen Flusses und flicht ihr langes, schwarzes Haar zu Zöpfen. Sie ist die Häuptlingstochter vom Stamm der weißen Büffel. Es ist ihre schwere Aufgabe ihr Volk zu befreien. Wieso denn? werdet ihr fragen. Das ist eine besondere Geschichte:

Der Stamm der weißen Büffel war nämlich verzaubert. Um seine Stammesgenossen zu retten, hatte Tauperles Vater auf schlimme Bedingungen eingehen müssen. Ständig hatte der Stamm der weißen Büffel mit dem Stamm der schnellen Pfeile Krieg geführt, denn die schnellen Pfeile wollten gar zu gerne die fruchtbaren Weiden besitzen, die den weißen Büffeln gehörten. Deshalb lagen die Krieger der beiden Stämme immer miteinander im Kampf. Die einen, um den fremden Besitz zu erobern, die anderen, um sie daran zu hindern. Bei einem großen Fest rief der Medizinmann die Gnade der Götter für das Volk der weißen Büffel herbei. Und die Götter versprachen, zu helfen. Die weißen Büffel sollten ihre Weiden behalten, aber dafür müßten sie von jetzt an, abgetrennt von der übrigen Welt, ganz für sich allein leben. Diese Bedingung würde erst aufgehoben, wenn die Tochter des Häuptlings den richtigen Mann heiraten würde. Als kurz darauf die Frau des Häuptlings ein kleines Mädchen zur Welt brachte, gab man ihr den hübschen Namen Tauperle.

Gerade, als Tauperle ihren ersten Schrei tat, zog ein schreckliches Unwetter über das Tal. Ein Blitzschlag spaltete die Felsen und es entstand ein tiefer Abgrund, der außerdem so breit war, daß kein Mensch ihn überwinden konnte. Der Stamm der schnellen Pfeile war endlich und für immer vom Stamm der weißen Büffel abgeschnitten. Nun konnten sie zum ersten Mal ruhig schlafen und ohne Sorgen ihre Tage verbringen.

Wie schön konnte das Leben sein! Die Jahre vergingen, aber so ganz allmählich fühlte sich der Stamm doch einsam. Die tapferen Krieger langweilten sich. Sie konnten nicht mehr die wilden Büffel jagen, nicht mehr kämpfen und deshalb auch keine

Feste mehr feiern. Wie langweilig konnte das Leben sein! Wenn sie an all das dachte, mußte Tauperle weinen. Was konnte sie machen? Sie müßte etwas finden, um ihr Volk aus der Langeweile zu retten, unter der es so sehr zu leiden hatte. Diese traurige Einsamkeit mußte aufhören. Aber wie? Heiraten? Die Götter hatten zugesagt, daß dann die Zauberei zuende sein sollte. Aber leider war es ihr verboten, einen Ehemann unter den jungen Leuten ihres Stammes zu wählen. Das war ein altes Stammesgesetz, dem man gehorchen mußte. Ihre Tränen fielen ins klare Wasser des Flüßchens, aus dem plötzlich ein Biber auftauchte. Vorsichtig nahm er eine Träne in die Vorderpfote und tauchte damit wieder unter. Jeden Tag, an dem Tauperles Tränen ins Wasser rollten, kam der Biber und nahm sich eine mit.

Als der Frühling ins Tal zog, faßte Tauperle einen großen Entschluß. Sie

würde die schreckliche Schlucht durchqueren, um einen Ehemann zu finden. Sie wollte, daß wieder Freude und Glück in dieses Tal einzogen. Was hätte sie nicht alles getan, um die bemalten Krieger um das Feuer tanzen zu sehen, und die Feste zu erleben, von denen man ihr erzählt hatte, an denen die blumengeschmückten Kanus in der Strömung dahinglitten. Sie seufzte tief bei diesem Gedanken. Da erschien wieder einmal der kleine Biber. Er reichte ihr eine Halskette, die aus Dutzenden ihrer Tränen geknüpft worden war, als Glücksbringer. Tauperle drückte das hübsche Schmuckstück an ihr Herz und versprach ihrem kleinen Freund, sie immer zu tragen. Eine Freudenträne rollte über ihre braune Wange und fiel genau auf das Fell des kleinen Bibers. Im gleichen Augenblick verwandelte sich dieser in einen jungen, schönen Krieger, der Tauperle auf sein Pferd hob. Dann galoppierte er zum Lager der weißen Büffel, fiel dort vor dem Häuptling des Stammes auf die Knie und bat ihn, seine Tochter zur Frau nehmen zu dürfen. Der schöne junge Indianer war der Sohn des Häuptlings vom Stamm der zerbrochenen Pfeile. Die Götter hatten ihn in einen Biber verwandelt. In ihrer Weisheit hatten sie den beiden Häuptlingskindern der verfeindeten Stämme auferlegt, den Zauber zu lösen und damit das Kriegsbeil zu begraben.

Am Tage der Hochzeit von Tauperle und Sonnebringer, wie der junge Mann hieß, fuhr nochmals ein Blitz in den Abgrund und füllte ihn mit einer Masse splitternden Felsgesteins. Die beiden Stämme vereinigten sich jetzt und lebten fortan miteinander in Frieden. Es gab keine Kämpfe mehr, aber dafür große Büffeljagden. Jetzt konnten sie wieder schöne indianische Feste feiern, und alle waren glücklich.

Das ausgerissene Schäfchen.

Es ist ein hübsches Schäfchen, weiß mit schwarzem Kopf und ganz zierlichen Läufen. Es folgt den großen weißen Schafen vom Sumpf zum Strand, wo der salzige Seetang liegt. Die Sturmflut hat ihn an Land gespült.

Heute abend überspült das Meer den nahegelegenen Sumpf. Ein großer silberner See wird daraus. Die Möwen fliegen darüber hin und stoßen Warnschreie aus: „Schnell schnell ihr Letzten, das Wasser steigt. Eure Hirten warten schon beim Pferch auf euch!"

Oliver, der kleine Hirte, schickt die ungehorsamen Schafe in die Düne, „zehn, zwölf, vierzehn, sechzehn, achtzehn, neunzehn" zählt er, „eins fehlt. Wo ist das kleine Schaf mit dem schwarzen Kopf?"

„Ja, wo denn?" schreit Helene, „wir müssen es ganz schnell suchen!"

Die Kinder laufen auf eine Düne, von wo man die ganze Gegend gut überblicken kann.

„Ich sehe nichts."

„Vielleicht ist es da hinten hinter dem Schilf? Ich gehe mal schauen."

„Und ich gehe mal schnell zum Pferch hinüber. Vielleicht hat sich der Herumtreiber dahin verzogen."

Das Meer steigt und die Sumpfwiese verschwindet darunter. Wo mag nur das Schäfchen mit dem schwarzen Kopf sein?

Das kleine Schwarzkopf-Schaf läuft derweil im Karottenfeld umher. So ein schöner

15

Spaziergang, denkt es. Und dann läßt es sich der kleine Herumtreiber ganz besonders gut schmecken.

Später läuft es wieder zurück und springt auf eine kleine Erhebung, die noch aus dem Wasser herausragt. Das Schaf mit dem schwarzen Kopf wartet eine Weile und probiert, von dem Wasser zu trinken. Aber bah! Es ist viel zu salzig. Und das Meer steigt immer noch weiter. Auch diese kleine grüne Erhebung wird bald verschwinden.

Bäh, Bäh, Bäh, Bäh!

„Da hinten ist das Schaf!" schreit Oliver plötzlich.

„Es wird ertrinken!" ruft auch Helene, „das arme Kleine!"

„Es ist aber auch wirklich zu dumm! Wo kommt es denn her? Komm, wir müssen mit dem Rad dahin fahren. Steig auf den Gepäckträger und ruf den Hund."

Sie fahren so schnell sie können über die Straße, über die Brücke und hinüber zum Schilf. Der Hund springt ins Wasser und schwimmt bis zu dem kleinen Hügelchen, wo das Schaf steht und ängstlich schreit: „Bäh! Bäh!"

Der Hund bellt hinter dem Schaf. Dem bleibt gar nichts übrig als auch ins Wasser zu springen. Jetzt endlich schwimmt es.

„Ah, da ist es!" ruft Helene, „komm, Kleines, komm."

Mit letzter Kraft kommt das Schäfchen mit dem schwarzen Kopf heran. Helene nimmt das patschnasse Schäfchen und drückt es an sich.

„Armes Kleines, du hast uns einen schönen Schreck eingejagt!"

„Du bist gar nicht lieb!" schimpft Oliver. „Daß du so etwas ja nicht wieder machst, hast du mich verstanden? Paß nur auf, wir werden dich jetzt jedesmal als erstes in den Pferch schicken!"

Matthis mit dem langen Schnurrbart.

Matthis ist eine kleine Feldmaus mit braunem Fellchen. Ein Mäuserich ist er und sehr stolz auf seinen langen, glänzenden Schnurrbart.

„Ich gehöre zu den edelsten Tieren des Landes", behauptet der Angeber und streicht sich eitel seinen Schnurrbart dabei. „Meine Vorfahren waren sogar richtige Raubtiere! Sie haben viele Kämpfe ausgefochten."

Eines Tages haben die Nachbarn des Mäuserichs genug von seinen Lügengeschichten. Sie wollen ihm eine Lehre erteilen und stibitzen im nächsten Bauernhof ein großes Stück leckeren Käse. Dann bauen sie in der Nähe von Matthis' Mauseloch eine Falle. Als Matthis einige Zeit später seine Nase herausstreckt, schnuppert er den guten Käseduft. Er kann nicht widerstehen und schiebt sich ein wenig näher an den Käse heran. Da schließt sich die Falle mit einen 'Klick' und schneidet Matthis den schönen Schnurrbart gleich neben seinem Schnäuzchen ab. Armer Matthis! Was für eine Schande, er, der Nachkomme von richtigen Raubmäusen hat sich in einer Falle fangen lassen, die ihm die eigenen Nachbarn aufgestellt haben! Wetten, daß er von nun an nicht mehr so gewaltig angeben wird?

Purzel und Niki.

„Komm, wir wollen spielen und 'rumhopsen", schlägt Niki, der kleine Esel, vor.

„O prima, wir hopsen da hinten zu den Hühnern und erschrecken sie!" ruft Purzel, das Schweinchen, begeistert.

Und schon hört man, wie die Hennen ganz böse „tuck, tuck, tuck" gackern. Die erschrockenen Hühner flattern ängstlich davon und ihre Federn fliegen in alle Winde.

Der Esel und das kleine Schwein freuen sich furchtbar darüber. Sie können sich gar nicht halten vor Lachen, wie ein paar Eier auf den Boden fallen und dabei zerbrechen.

„Ein toller Eierkuchen!" ruft Niki.

Der Geruch der zerbrochenen Eier hat Filu, den Fuchs, angelockt. Er wird sich die Eier schmecken lassen.

„Danke", sagt er zu Niki und Purzel. Er findet, daß sie wirklich gute Freunde sind, weil sie ihm

eine so leckere Mahlzeit verschafft haben. Aber die beiden sind schon wieder auf und davon. Sie rennen mitten hinein in eine Schafherde.

„Bäh! Bäh!" schreien die ängstlichen kleinen Lämmer und suchen Schutz bei ihrer Mutter. „Wau, Wau, wuff!" bellt Grolli, der Schäferhund. Aber die beiden Freunde lassen sich durch nichts abhalten. Ihnen macht der Krach Spaß. Sie laufen in die Küche des Bauernhauses und kriegen auch tatsächlich die Kühlschranktür auf. Sie kramen darin herum und lassen die Sardinen, die Butter und den frischen Kopfsalat auf den Boden fallen. Auch die duftenden Aprikosen kullern aus dem Kühlschrank.

Das macht Spaß!

Damit es noch lustiger wird, setzt sich Niki jetzt einen Kupfertopf als Hut auf.

Purzel lacht sich fast schief: „Du siehst aber lustig aus!" ruft das Schweinchen.

„IAH!" antwortet Niki ganz stolz. Und nickt mit dem Kopf. Dabei fällt der Topf herunter. Das macht einen Lärm!

„Nun ist aber Schluß!" brüllt der Stier wütend, und auf einmal sind die beiden Spaßmacher ganz ruhig. Aber wartet nur – morgen denken sie sich sicher wieder einen Unfug aus.

Die Schäferin und die vier Jahreszeiten.

Es war einmal eine kleine Schäferin. Die hieß Angelika. Im Frühling hütete sie ihre Ziegen und Schafe unter einem blühenden Apfelbaum, der aussah wie rosa Schnee. Da weideten die Tiere auf einer samtgrünen Wiese und fraßen Gras und gelbe Butterblumen. Währenddessen malte Angelika, um sich die Zeit zu vertreiben. Die Vögel, ihre kleinen Freunde, flogen und flatterten um sie herum. Sie brachten ihr alle Farben, die sie brauchte, um ihre Bilder schön bunt zu malen. Die schnelle Schwalbe brachte ihr zum Beispiel von ihrem Flug ein kleines Stück Himmelsblau mit. Die Amsel legte ihr ein ganz kleines Stückchen der Mohnblume auf die Pinselspitze. Damit malte Angelika die Ziegeldächer der Häuser auf ihrem Bild an. Die kleine Grasmücke setzte sich auf ihren Schuh. Sie hielt ein Stückchen Spinnweb im Schnabel. Das nahm Angelika und machte eine kleine Wolke daraus, die sie in ihr Bild hineinsetzte. Der Eisvogel kam ganz aufgeregt angeflattert. Er hatte einen Wassertropfen im Schnabel. Den ließ er auf das Bild fallen. Daraus wurde auf Angelikas Bild ein kleiner Bach. Und das Bächlein fing ganz fröhlich an zu plätschern. Das Rotkehlchen hatte von einem Unterrock, der auf der

Wäscheleine hing um zu trocknen, ein kleines Stück weißer Spitze abgezwickt. Das schenkte es Angelika für die grüne Wiese auf dem Bild. Angelika machte viele kleine Spitze-Tupfer daraus. Die wurden alle weiße Margariten. Die Amsel kam mit einer kleinen Schlüsselblume und bot ihr deren Gelb an. Angelika machte eine schöne hellgelbe Sonne daraus. Wie hübsch dieses Bild wurde! Es sah ganz echt aus. Die Vögel versuchten da hineinzufliegen. Angelika blies darauf, damit es Leben bekam.

Der Sommer war die Zeit, in der Angelika Gedichte machte. Jedesmal wenn sie eines fertig hatte, las sie es ihren Freunden, den Vögeln vor. Die hörten ihr voller Bewunderung zu. Die Vögel hatten Angelika sehr lieb, denn im Winter legte sie ihnen jeden Tag Futter aufs Fensterbrett. So konnten sie den Frühling ruhig abwarten, ohne Angst vor dem Verhungern zu haben.

Der Herbst ist ein Zauberer. Manchen Bäumen schenkt er ganz goldene Kleider, und andere bekommen von ihm Kleider aus rotbrauner Farbe.

Aber wo war denn heute Angelika? Die hatte sich in einem Weinberg versteckt und weinte. Die Vögel waren ganz erschrocken, sie so unglücklich zu sehen. Warum war ihre liebe, kleine Schäferin denn so schrecklich traurig?

„Was ist denn nur? Was hast du, Angelika?" fragte der Buchfink und zwei Tränen glänzten in seinen Augen.

„Morgen hat der Prinz dort oben im Schloß auf dem Berg Geburtstag. Alle Dorfbewohner gehen hin, um ihm zu gratulieren. Nur ich kann nicht hingehen. Ich habe nichts zum Anziehen. Nur meine groben Holzschuhe, meinen scheußlichen braunen Rock und meine geflickte Bluse. Der Wächter am Tor wird mich gar nicht hereinlassen, wenn ich nicht so schön angezogen bin, wie die anderen." Sie schluchzte ganz laut, die arme Angelika und schaute traurig das Bild an. Sie hatte sich so viel Mühe beim Malen gegeben, denn sie hatte es von Anfang an dem Prinzen zum Geburtstag schenken wollen

Ihre kleinen Freunde, die Vögel, beschlossen, Angelika auf jeden Fall zu helfen. Sie breiteten ihre Flügel aus und baten Angelika, das Bild darauf zu legen. Sie flogen vorsichtig mit dem Bild zum Schloß und legten das Geschenk auf das Bett des Prinzen. Dann verschwanden sie wieder ganz leise.

Als der Prinz dieses wunderbare Geschenk entdeckte, klatschte er vor Freude in die Hände. Unter seinen bewundernden Blicken belebte sich das Bild allmählich. Nie zuvor hatte der Prinz so etwas Schönes gesehen. Über dem langen Anschauen schlief der Prinz allmählich ein. Das Bild hielt er dabei im Arm. Aber leider entglitt es ihm während er schlief und fiel in seine Schwertspitze. Als er erwachte, suchte er vergebens sein wunderschönes Geschenk, und dann sah er, was passiert war: Das Bild war vom Schwert durchbohrt worden und lag auf dem Boden. Sein Herz wurde ganz schwer und traurig. Davon wurde er richtig krank. Als der Winter kam, herrschte große Sorge im Königspalast, denn der Prinz konnte sich von seiner plötzlichen Krankheit überhaupt nicht erholen. Viele glaubten, daß er verzaubert sei und daß eine Hexe ihm etwas Böses angetan habe, indem sie ihm ein belebtes Bild zum Geburtstag geschickt habe, ein Bild auf dem die Bäume rauschten, die Blumen blühten und die Bächlein plätscherten.

Als Angelika das hörte, vergaß sie ihre ärmlichen, geflickten Kleider und rannte zum Schloß hinauf. Sie wurde auch eingelassen. Man führte sie ans Bett des kranken

Prinzen. Dort öffnete sie ihren Korb und nahm ein anderes Bild heraus, das sie eigens für ihn gemalt hatte. Sie beugte sich hernieder und legte es dem Kranken auf die Bettdecke. Der Prinz sah es an und glaubte zu träumen. Es war genauso schön wie das erste Bild. Dankbar lächelte der Prinz und unterhielt sich den ganzen Tag mit ihr. Jeden Tag machte Angelika jetzt einen Krankenbesuch im Schloß und leistete dem Prinzen Gesellschaft. Da wurde er ganz schnell gesund. Am ersten Tage, an dem er aufstehen durfte, besuchte er Angelika unter ihrem Apfelbaum aus rosa Schnee. Und wieder malte Angelika ein belebtes Bild. Der Prinz saß daneben und schaute ihr zu. Und als der Sommer kam heiratete die kleine Schäferin den schönen jungen Prinzen. Ihre Freunde, die Vögel, schenkten ihr das Brautkleid. Aus einem herrlichen, zarten Stoff aus Mondstrahlen schneiderten sie ihr einen weiten Rock aus lauter Mondlicht, und aus einem glitzernden Stern schusterten sie ihr ein Paar kleine Goldpantöffelchen. Der Brautschleier war aus funkelndem Mondstaub. Es war ein Kleid so schön, daß es auch für eine Fee das richtige Gewand gewesen wäre! Und als der Herbst die Bäume wieder golden anzog, fuhren Angelika und der Prinz auf eine Hochzeitsreise um die Welt. Als der Winter einbrach, kehrten sie in ihrer Kutsche aus Kristall wieder in ihren Palast zurück.

Dort leben sie glücklich und zufrieden, auch heute noch.

Pepis Frühlingsabenteuer.

Pepi, der Maulwurf, ist ganz aufgeregt. Schnüff, schnüff, macht er und zieht seine Nase hoch: „Ich rieche den Frühling! Na, da wollen wir doch mal sehen, ob das stimmt!"

Er setzt seine Brille auf und streckt seine Nase aus der Erde. Da bekommt er einen kleinen Sonnenstrahl. Der fällt ihm gerade mitten in die Brille hinein.

„Heh", sagt Pepi ganz ärgerlich zu der Sonne, „du sollst mich doch nicht blenden!" Aber dann wagt er sich doch aus seinem Maulwurfsbau heraus, zwei Schritte, drei Schritte. Ihm wird ganz schwindelig. Der Himmel ist so blau und die Vögel fliegen dicht an ihm vorbei. Bums, da ist er auch schon hingefallen. Er hat einen Buschen Schlüsselblumen nicht gesehen, und ist darüber gestolpert. Die Blumen sind noch ganz feucht vom Nachttau.

„Guten Tag, Pepi", sagt die Schlüsselblume freundlich.

Und dann ist Pepi am Bach, in dem die Enten fröhlich herumschwimmen. „Guten Tag, liebe Enten", ruft der Maulwurf, „der Frühling ist da."

„Wir wissen es", schnattern die Enten, „wir haben auch schon Eier gelegt."

„Kuckuck, Kuckuck", ruft der Kuckuck. Er sucht jemand, mit dem er Verstecken spielen kann. Aber Pepi hat keine Lust, mitzuspielen. Er möchte sich lieber alles ansehen, was ringsum passiert. Deshalb will er sich in eine kleine Zigarrenkiste setzen, die am Bachufer liegt und die ihm als Boot dienen soll. Er schiebt die Kiste aufs Wasser und setzt sich hinein.

Aber leider fließt der Bach zu den Sümpfen.

Wie soll er da wieder herauskommen? Pepi kriegt es mit der Angst zu tun. Laut ruft er um Hilfe. Eine Graugans hört das und bringt ihn zum Ufer zurück. Sie hat ihn gerettet! Jetzt geht Pepi zu Fuß weiter. Das ist ohnehin sicherer, denkt er. Er zittert noch vor Schreck. Mit der Zeit verspürt er großen Hunger und sieht sich nach etwas zum Essen um. Das ist gar nicht so schwierig. Es gibt da allerlei Auswahl.

Pepi überlegt, wie schön es wäre, wenn er, wie die Vögel, einfach losfliegen könnte. „Man muß es nur versuchen", denkt er und steigt auf einen kleinen Abhang. Dort bewegt er die Vorderpfötchen als wären es Flügel; „eins, zwei, drei – los!" ruft er und versucht, sich abzuheben wie ein Vogel. Aber was ist das? Der kleine Maulwurf rollt die Böschung hinunter und, platsch, mitten hinein in den Weiher, wo andere Enten herumschwimmen. Wieder muß Pepi jemand zur Hilfe herbeirufen. Diesmal ist es der Igel, der ihn rettet. Er reicht Pepi einen Ast ins Wasser, woran dieser sich mit letzter Kraft klammert. Als er wieder heil am Ufer ist, weint der kleine Maulwurf los. Er kann nicht fliegen und wird es auch niemals können.

Der Kuckuck kommt herbeigeflogen und flicht ihm zum Trost einen Kranz aus Margariten. Den setzt er Pepi auf. Jetzt sieht er ganz schön aus und die Frösche klatschen Beifall.

Da freut sich auch der kleine Maulwurf Pepi und hat seinen Kummer wieder verges-

Es ist Jahrmarkt.

In der warmen Sommerluft duftet das Heu. „Schnell an die Arbeit!" ruft der Bauer. „Hü, hott, Lene, beeil dich!" Den lieben langen Tag zieht Lene, die Stute, den großen Heuwagen, der bis oben voll gepackt ist. Der Esel Max trägt die schweren Milchkannen zur Molkerei. „Ihr habt Glück", sagt Max zu den Schweinen, „ihr könnt euch im Dreck wälzen und die Enten können im Weiher plätschern, während ich schwer arbeiten muß."

Am Tag, an dem der Jahrmarkt anfängt, beschließen alle Tiere im Bauernhof nach der Arbeit auch zum Jahrmarkt zu gehen. Sie putzen sich gründlich und ziehen fröhlich los. Den Bauern haben sie erst gar nicht gefragt. Soll er sie doch ruhig suchen. Das geschieht ihm ganz recht. Er hätte ja von allein sagen können: „Kommt mit auf den Jahrmarkt." Alle Tiere hatten so viel gearbeitet den Tag über, sie hätten eine Belohnung schon verdient, finden sie.

Wie hübsch ist es, den Weg entlang zu wandern, an dessen Rand die Margariten und Mohnblumen wachsen.

„Wohin geht ihr denn?" fragen die Kühe neugierig.

„Zum Jahrmarkt", antworten die Tiere, „wollt ihr nicht mit?" Auch die Pferde auf der Weide wollen wissen, wohin es geht.

„Zum Jahrmarkt", lautet die Antwort, „kommt doch auch."

„Wohin des Wegs?" rufen die neugierigen Ziegen, an denen sie alle vorbeikommen, und ihre Zicklein hüpfen auf und ab.

„Zum Jahrmarkt, kommt nur mit."

Auch die Schafe und die Lämmer gehen mit. Sie rupfen unterwegs noch Klee und Gras von der Böschung am Weg.

Und dann sind sie auf dem Jahrmarktsplatz mit dem Karussell und der lauten Musik. Die Kühe stürzen sich auf die Luftschaukel und die Kälber wollen Karussell fahren.

Das kleine, weiße Kalb und das gescheckte Kalb finden es wunderbar. Aber ein bißchen schwindelig ist ihnen doch. Aus Versehen reißen sie eine Trottel ab. Darüber sind sie sehr erschrocken, weil sie Angst haben, daß etwas sehr Kostbares kaputtgegangen ist. Aber da alle Umstehenden lachen, kann es ja wohl nicht so schlimm sein. Schließlich lachen auch die Kälbchen ganz erleichtert.

Die Pferde und die Esel fahren Auto-Scooter. Das macht ihnen Spaß, weil es so schnell geht. Bumm, bumm – man rumpelt aneinander und weicht sich aus. Die kleinen Wagen stoßen und schieben. Es gibt viel Geschrei und ein ganz kleines bißchen Angst, daß man sich dabei weh tut. Aber trotzdem wollen alle weiterfahren. Nochmal und nochmal, und immer noch eine Runde.

Die furchtsamen Schafe und die neugierigen Ziegen sehen sich lieber alles erst einmal an. Dann springen sie auch aufs Karussell, in ein Flugzeug, in ein Auto, in einen Bus und ein Schiff aus Holz.

„Drück den Hebel!" blökt ein Schaf und ab gehts. Das Flugzeug hebt sich drehend. „Wiedersehen, Wiedersehen", rufen sie.

„Kommen die auch wirklich wieder runter?" fragt ein kleines Lamm ganz ängstlich.

Selbst Mama Schaf, die oben schwebt, kriegt es jetzt mit der Angst:

„Meine Lämmer, meine Lämmer, die sind unten geblieben", blökt sie.

„Beruhige dich", sagt ein anderes Schaf, „schau mal, jetzt drücke ich den Hebel hinunter, dann geht's nach unten, und drücke ich ihn hinauf geht das Flugzeug wieder hoch. Sei also ganz ruhig."

Die Pferde und die Esel stehen an der Schießbude.

Die Stute Lene hat eine Flasche Wein gewonnen und die weiße Ziege hat ein Los gezogen. Dafür bekommt sie eine große rosa Puppe mit einem Kleid aus Spitze.

„Kommt alle her", schreien die Esel. „Jetzt gibt es ein Wettsingen." Und sie rufen dem Esel Trotti zu: „Geh du als erster. Steig auf das Podest und zeig was du kannst."

Trotti zögert noch. Er hat Angst, daß ihn die anderen auslachen. Aber er wird aufs Podium hinaufgeschoben. Da steht er nun. Was bleibt ihm anderes übrig? Er fängt an zu singen, sein schönstes Lied: vom Sommer, vom duftenden Heu und davon, wie schön es ist, wenn jemand einen liebhat.

Wie da die anderen alle Beifall klatschen! Trotti wird vor Verlegenheit ganz rot – bis zu den Ohrenspitzen.

Alle tanzen noch ein Weilchen auf dem Jahrmarktplatz und werfen bunte Papierschlangen und Konfetti. Dann kehren sie alle zurück. Der Himmel ist voller Sterne. Die Tiere haben Säcke auf dem Rücken, voller Schokolade und Nougat. Das werden sie an den langen Winterabenden knabbern und sich an den schönen Jahrmarkt erinnern.

„Es ist Zeit, daß wir heimkommen", meint Trotti. Er ist ein bißchen müde.

„Schade, es ist eigentlich noch viel zu früh!" ruft die weiße Ziege. „Wir sollten uns ein wenig Zeit lassen und die schöne Freiheit noch ausnutzen. Wie schön ist die frische Luft hier am Rand der großen Wiesen, aus denen der Abendnebel aufsteigt."

Aber dann sind sie schließlich doch alle wieder in ihren Ställen und schlafen auch gleich ein.

Nini.

Die kleine Ziege Nini ist in ihrem Gehege. Fröhlich streckt sie ihre beiden spitzen Hörner in die Morgenluft. Gerade ist die Sonne aufgegangen. Die ist so rund wie ein riesiger roter Ball. Wenn ich den großen Ball fangen könnte, denkt Nini, das wäre ein Spaß! Ich brauche ja bloß dort hinüber zu dem Hügel laufen. Da liegt der Sonnenball, ich werde ihn holen. Sie springt über den Zaun und läuft den gewundenen Weg hinauf. Zwischendurch ruht sie sich ein wenig aus, knabbert hier ein bißchen am Gebüsch und dort ein wenig am Thymian. Dann geht sie weiter. Als Nini oben auf dem Hügel ankommt, ist die Sonne nicht mehr da. Jetzt ist sie unten im Tal und scheint von ganz woanders her. Das ist doch nicht zu glauben, denkt Nini und fängt an zu jammern: „Als ich im Tal war, war sie oben auf dem Hügel. Sie hat keine Lust, mit mir zu spielen." Nini ist ganz traurig und knabbert nachdenklich an den Gräsern die sie findet. „Warum will die Sonne bloß nicht mit mir spielen?" überlegt sie. „Ich wollte sie doch nur als Ball!" Nini läßt den Kopf hängen und hat nun selbst keine Lust mehr, zu spielen. Pepi, der Maulwurf, versucht sie zu trösten. „Du mußt das einsehen, man kann die Sonne nicht fangen!" Da fängt Nini an, laut zu weinen. Der freundliche Maulwurf fragt die Frösche, womit man Nini beruhigen könne.

Die Laubfrösche fragen die freundlichen Amseln. „Kann man denn nicht die Sonne bitten, daß sie mit Nini ein wenig Ball spielt?" Die Amseln sind sehr nett. Sie fliegen hinauf zur Sonne und bitten sie, mit Nini zu spielen. Da lacht die Sonne und verwandelt einen von ihren Strahlen in einen glänzenden, blanken Ball. Noch ist das ein sehr, sehr heißer Ball. Aber da kommt der Nordwind und bläst ihn so lange an, bis er kalt wird.

Wie Nini sich da freut! Jetzt hat sie einen kleinen Sonnenball zum Spielen. Sie nimmt den leuchtenden Ball auf ihre Hörner und wirft ihn, eins, zwei, immer wieder in die Luft. Dann fängt sie ihn eins, zwei, wieder auf. Aber einmal verfehlt sie den leuchtenden Ball, und er rollt davon. „O, halt an, bleib liegen!" ruft Nini hinterher. Aber der Ball rollt immer weiter. Jetzt rollt er geradewegs hinein in den See. Das Wasser glitzert und schimmert wie ein Spiegel. Alle Tiere kommen herbeigelaufen, um sich das anzuschauen. Die schönen, weißen Schwäne stupsen mit ihren Schnäbeln den glänzenden Ball ans Ufer und jetzt spielen alle Tiere mit.

Es ist ein wunderschöner Tag für alle.

30

Kokoli geht einkaufen.

„Hört mal alle zu", sagt Sandra, „wir wollen die Mama überraschen."

„Prima Idee", erwidert Kokoli, der kleine Hund, „ich helfe dir dabei."

„Dann geh' erst mal los und kaufe acht Würste auf dem Markt."

Kokoli nimmt stolz den Einkaufskorb zwischen seine Zähne und läuft die Treppe hinunter.

Auf dem Markt fragt er die Metzgersfrau: „Haben Sie Zwiebelwürste? Ich möchte gerne acht davon haben."

Es ist fast Mittagszeit. Kokoli ist immer noch nicht zurück. Wo er nur bleibt?

Armer Kokoli! Er besteht in der Zwischenzeit die größten Abenteuer. Gerade, als er den Markt verließ, kamen eins, zwei, drei, vier Hunde hinter ihm hergestürzt. „Den werden wir schon kriegen!" kläffen sie, „wir wollen ihm die Würste wegnehmen." Kokoli läuft so schnell er kann, davon. Er rennt und rennt.

Wuff, wuff, wau, wau, schnief, schnuf, wau! Die Hunde sind hinter ihm her. Kokoli läuft jetzt auf der Straße. Bums. Da fällt der Korb hin, und die Würste rollen auf dem Straßenpflaster. Kokoli schnappt sie und legt sie wieder in den Korb.

Wuff, wuff! Wau, wau!

Kokoli springt einfach auf einen Lastwagen, der gerade losfährt.

„Da hab ich euch aber 'rangekriegt", ruft er den anderen Hunden zu, die nun zurückbleiben müssen.

Dann springt Kokoli wieder vom Lastwagen herunter. Jetzt folgt er den Schienen der Eisenbahn. Endlich hat er seine Ruhe. Er läuft und springt zwischen den Schienen. Da wird es ganz schrecklich laut hinter ihm. Tschu, tschu, tschu – ein Zug kommt. Kokoli will schnell weg, nach links, nach rechts, aber es ist schon zu spät. Da legt er sich ganz, ganz flach auf den Bauch zwischen die Schienen und den Kopf zwischen die Pfoten. Jetzt ist der Lärm noch viel lauter, direkt über ihm. Er scheint gar nicht aufhören zu wollen. Es ist ein langer, langer Güterzug mit vielen Güterwagen. Darauf sind lauter schöne, neue Autos. Kokoli kann sie natürlich nicht sehen. Er denkt auch nicht mehr an die Würste. Er hat viel zu viel Angst.

Aber endlich ist der Zug vorbei. Kokoli hebt die Nase und läuft davon, am Markt vorbei und tapp, tapp, tapp die Treppe seines Hauses hinauf. Er kratzt an der Tür.

„Da bist du ja endlich, Kokoli. Wo kommst du denn jetzt her?"

„Das werde ich dir gleich erzählen, Sandra."

„Ja, gut – aber laß uns erst schnell die Würste braten. Mama kommt gleich."

„Ich hoffe, daß sie gut werden", sagt Kokoli. Er ist noch ganz außer Atem.

„Aber da ist ja Erde dran, schau doch mal", ruft Sandra.

„Oh, das macht nichts", versichert Kokoli. „Brate sie nur erst mal. Die werden ganz goldbraun."

Dann kommt die Mutter nach Hause. Alles ist bereit, eine große Schüssel voll Kartoffelpüree und einen Kranz Würste darum.

„Das ist aber eine schöne Überraschung!" ruft die Mutter, „du bist eine tüchtige kleine Köchin, Sandra."

„Kokoli hat mir geholfen."

Der kleine Hund springt seiner Freundin auf den Schoß. Sie umarmt ihn und alle sind glücklich und zufrieden.

Das große Weihnachtsessen.

Morgen ist Weihnachten. Lucy ist damit beschäftigt, ein leckeres Weihnachtsessen vorzubereiten. Außerdem will sie den Christbaum schmücken: Mit Kerzen, Glaskugeln und Girlanden. Plötzlich erblickt sie hinter dem Fenster ein paar blanke Augen, die sie betrachten. Es ist Schnuffi, ein armer Hund, dessen Herrchen vor kurzem verreist ist und ihn einfach zurückgelassen hat. Seitdem läuft Schnuffi ganz verlassen und traurig herum. Er sucht jemand, der ihm Futter gibt und ihn ein bißchen lieb hat.

Lucy tut der kleine Hund leid. Sie öffnet die Terrassentür und ruft: „Komm herein, Schnuffi. Du kannst mit uns essen!" Aber Schnuffi kommt nicht gleich herein. Er ist ein wenig verlegen. Schüchtern fragt er: „Kann ich auch meine Freunde, das Eichhörnchen, die Eule und die Feldmaus mitbringen?"

„Aber natürlich", sagt Lucy, „alle deine Freunde sind auch willkommen!"

Da feiern sie alle ein wunderschönes Weihnachtsfest mitten im Wald: Lucy und ihr Bruder, der kleine Lutz, zusammen mit Schnuffi und seinen Freunden.

Der kleine Buchfink und die Rose.

Von einem Baumast aus sieht der kleine Buchfink, wie die Sonne aufgeht. Er ist furchtbar traurig, weil er sie nicht wie sonst begrüßen kann.

Der kleine Buchfink kann nicht singen.

„Wie ist denn das passiert?" fragt ihn Pitt, der Spatz.

„Ich habe mich erkältet", sagt der kleine Buchfink, „es ist wirklich sehr ärgerlich."

Traurig fliegt er hinüber, um seine Freundin, die Rose, zu besuchen. Sie ist die Königin des Gartens, weil sie so wunderschön ist.

„Guten Morgen", sagt er mit ganz schwachem Stimmchen.

„Haatschi", antwortet die Rose, „Haatschii!"

„Hast du dich etwa auch erkältet?" fragt der kleine Buchfink ganz erschrocken.

„Hatschii! Ja, wie du siehst!" antwortet die Blume.

Weil die Rose eine sehr schlechte Nacht gehabt hat, mag sie heute nicht mit den Schmetterlingen und den Libellen spielen. Sie gähnt dreimal hintereinander.

Alle anderen Gartenblumen und die Finken sind betrübt. Sie wollen etwas dagegen unternehmen. Sie fragen die Bienen: „Die schöne Rose und der kleine Buchfink sind

erkältet. Könnt ihr ihnen helfen?"

„Bss, bss", sagen die Bienen. Sie haben gar nicht zuge
hört, weil sie so viel zu tun haben.

„Dann gehe ich eben zu der Sonne", sagt eine Lerche.
Sie fliegt so hoch wie möglich. Im Vorbeifliegen zupft sie
der Sonne einen warmen Sonnenstrahl weg und bringt ihn
in den Garten hinunter. Der Sonnenstrahl wärmt das Gefieder des kleinen Finken und trocknet der Rose den kalten
Tau von den Blättern. Alle erfreut er mit seinem hellen
Schein.

„Mir geht es wieder gut", ruft die Rose ganz glücklich.

„Mir auch", singt der Buchfink plötzlich. Hell erhebt sich seine Melodie in den klaren
Himmel. Alle Amseln kommen herbeigeflogen, um ihm zuzuhören.

Auch der Sonnenstrahl freut sich. Er lacht aus vollem Herzen und tanzt mit den
Schmetterlingen und den Vögeln um die Wette.

Der ganze Garten ist glücklich mit allem, was darin ist.

Der kleine Buchfink lädt seine Freunde, die anderen Vögel, auf den Balkon eines
Hauses ein, wo sie viele, viele Körner finden. Es ist ein wunderbares Fest.

Als der Abend anbricht, suchen die Vögel ihre Nester auf. Der Sonnenstrahl kehrt
zurück in den Himmel. Der kleine Buchfink sagt 'Gute Nacht' zur Rose.

Als der Mond silbern am Himmel steht, schlafen schon alle.

Ein ereignisreicher Tag.

In dem großen Tannenwald leben Ursi, der kleine Bär und Gisa, die Graugans, zufrieden und glücklich miteinander. Sie kennen sich von kleinauf. Jeder Tag bringt ihnen neue Abenteuer.

Ursi ist ein kleines Leckermaul. Jeden Tag sucht er Erdbeeren und Blaubeeren und kann nie genug davon kriegen.

Was den Honig anbelangt, den er natürlich am liebsten ißt, so gibt es da schon Schwierigkeiten. Die Bienen verteidigen das Beste, was sie haben. Bss, bss – sie stechen. Sie sind einfach ganz schrecklich, findet der kleine Bär. Er ist darüber sehr unzufrieden.

36

Gerade heute Morgen entdeckt er viel Honig in einem hohlen Baum. Der kleine Bär hat großen Hunger und die Bienen sind gerade nicht da.

Das ist gut. Sie sind alle ausgeflogen, um die Blumen zu besuchen. Jetzt muß er handeln. Der kleine Bär will die Gelegenheit wahrnehmen.

„Ich passe auf und sage dir, wenn sie kommen", sagt die Graugans. Sie ist ein freundliches Tier, immer bereit, ihrem Freund zu helfen. Sie schaut sich um, nach links, nach rechts, nach vorn, nach hinten, aber sie sieht nichts.

Ursi frißt deshalb in aller Ruhe und beschmiert sich überall mit Honig.

„He", ruft Gisa, die Graugans, „du machst dich ja ganz voll! Du wirst dich waschen müssen." Sie nimmt ihren kleinen, satten Freund mit dem verschmierten Gesicht und den klebrigen Pfoten mit an den Fluß. Dort plätschern mit großem Vergnügen viele Lachse im Wasser. Ursi kann nicht widerstehen. Er ist eben ein Leckermaul und frißt ganz schnell einen Lachs.

„Jetzt wasch' dich erst", sagt Gisa, „du bist klebrig."

Sie selber badet und taucht unter Wasser. Das macht ihr Spaß. Ursi schwimmt im Fluß. Das Wasser ist wunderbar kühl. „Wer von uns beiden schwimmt wohl schneller?" fragt Gisa.

„Ich natürlich", erwidert Ursi. Er ist sich seiner Sache sehr sicher.

„Na, wir werden ja sehen", meint Gisa nur. Sie schwimmt sehr schnell und kommt als erste ans Ziel.

Ursi steigt kleinlaut aus dem Wasser und legt sich in die Sonne, um sein Fell zu trocknen.

Währenddessen sind die Bienen zu ihrem hohlen Baum zurückgekehrt.

„Oh", ruft die Bienenkönigin. „Unser Honig ist weg. Das war gewiß Ursi. Wir werden ihn suchen und ihn bestrafen!"

„Die Bienen kommen!" ruft Gisa. Der kleine Bär beeilt sich und springt noch einmal ins Wasser. Die Bienen jagen ihn, aber dann geben sie es doch auf.

„Uff. Ich bin gerettet", denkt der kleine Bär erleichtert.

Dann wandern die beiden Freunde weiter durch den Wald. Sie kommen an einen kleinen Weiher, wo die Frösche hoch in die Luft springen.

„Das kann ich auch", sagt Ursi und die Frösche lachen ihn aus.

Sie machen ungeheuren Lärm: „Quak, quak! Du bist ja viel zu tolpatschig!" rufen sie.

Ursi und Gisa wandern weiter. Auf einmal begegnen sie den Bibern, die gerade ein großes Floß gebaut haben.

Gisa und Ursi sind begeistert. Sie wollen das Floß ausprobieren. Es treibt schnell in der Strömung dahin. Plötzlich gerät es in einen Wasserstrudel. Gisa rettet sich rechtzeitig. Ursi fällt ins Wasser und planscht ganz verzweifelt darin herum. Er wird von dem Wasserstrudel nach links und nach rechts gerissen, erst auf den Rücken, dann auf den Bauch. Endlich gelingt es ihm, ans Ufer zu kommen. Er hat eine ganz schöne Beule. Gisa findet Körner am Flußufer. Ihr Freund, der Fischer, hat sie dort hingestreut.

Alles ist schön und friedlich. Aber plötzlich hört man ein Summen. Da kommen die Bienen schon wieder! Zwar können Gisa und Ursi noch rechtzeitig davonlaufen. Aber die Bienen sind so wütend. Sie stechen auf alles ein, was ihnen in den Weg kommt, ein Eichhörnchen und einen Dachs. Die armen Tierchen wissen gar nicht warum. Ursi und Gisa laufen schnell in die Bärenhöhle. Gisa macht ein Holzfeuer, und Ursi grillt darauf einen schönen, fetten Lachs.

„Heute war ein sehr ereignisreicher Tag", sagt Gisa. „Morgen wird es nicht so schlimm sein."

„Na, hoffentlich!" antwortet Ursi und frißt mit großem Appetit seinen gegrillten Lachs.

39

Hänschen, der Hase und sein Stern.

Ein kleiner Hase hatte sich in ein Sternenmädchen verliebt. Jeden Abend richtete er seine Augen auf den blinkenden Stern. Und das Sternenmädchen schickte ihm vom Himmel Kußhändchen herunter. Hänschen sah sie, wie sie sich im Wasser des Baches spiegelte. Wo er ging und stand, war auch das kleine Sternenmädchen dort oben am Himmel zu sehen. Sie wären so gerne zusammengekommen. Dann wären sie in den duftenden Wiesen spazierengegangen oder auch dort oben in den silbernen Wolken. Aber wie sollte das möglich sein? Der Himmel ist so hoch und die Erde so weit davon entfernt. Was war da zu tun?

Als Hänschen es nicht mehr aushalten konnte, ging er zum Oberhaupt der weißen Hasen. Vielleicht konnte der ihm einen Rat geben.

Aber der wußte auch nicht so recht, was man da machen konnte und wandte sich an das Oberhaupt der Eichhörnchen. Er berichtete ihm von dem Besuch, den der kleine Hase ihm gemacht hatte. Was konnte man nur tun, um einen kleinen Hasenjungen und ein Sternenmädchen zusammenzubringen? Konnte vielleicht die große Zeder auf der Waldlichtung

40

helfen? Reichte sie nicht bis zum Himmel? Das war ein guter Gedanke!

Jetzt ging es an die Arbeit. Der Hase Hänschen wurde angeseilt, und alle weißen Hasen zogen an dem Seil, das über einen dicken Ast geworfen worden war. Als Hänschen auf dem untersten Ast der Zeder saß, halfen ihm die Eichhörnchen weiter. Sie schoben ihn bis zum Gipfel des hohen Baumes empor. Aber leider war Hänschen da oben immer noch weit, weit vom Himmel entfernt. Was für eine bittere Enttäuschung! Jetzt mußte Hänschen, der Hase, wieder von seinem Baum herunter. Aber Hänschen hatte Angst. Ihm war schwindelig, wenn er in die Tiefe sah, und er wollte nicht mehr von der Zeder herunter. Er klammerte sich fest an den Ast, auf dem er saß und wollte auf keinen guten Rat hören.

So mußte man ihn also mit Gewalt herunter holen. Er sollte jetzt in ein Sprungtuch springen, das die Waldtiere unten am Stamm des Baumes aufhielten. Das machte er zwar schließlich. Aber er hatte so viel Angst dabei, daß er anschließend ins Bett gebracht werden mußte. In der Nacht schlief Hänschen, der Hase, sehr unruhig. Immer sprach er im Schlaf zu seinem Sternenmädchen. Friedel, ein kleines Hasenmädchen, mit dem er seit Kindertagen befreundet war, saß an seinem Bett. Sie war in großer Sorge, daß er schlimm krank werden könnte und bewachte deshalb seinen unruhigen Schlaf. Als Hänschen die Augen öffnete, saß Friedel immer noch an seinem Bett. Hänschen betrachtete sie lange. Eigentlich war sie ein sehr hübsches Hasenmädchen, seine Freundin Friedel. Und sie war so lieb zu Hänschen, daß er ganz schnell den Stern vergaß. Von nun an schaute er nicht mehr in den Himmel. Er kümmert sich nur noch um Friedel.

Die beiden kleinen Hasen heirateten. Es wurde eine wunderschöne Hochzeit. Alle Tiere des Waldes waren dazu eingeladen. Und auch der Himmel mit den vielen Sternen feierte mit.

Der Däumling.

Däumling, das winzige Hündchen, ist sehr drollig. Sein Schwänzchen ist länger als der ganze kleine Kerl. Er hat ganz lebendige blanke Äuglein und ein gutes Herz.

„Zu mir ist er ganz besonders lieb. Ich rede aber auch lieb mit ihm und schau ihn freundlich an und streichele ihn viel. Wenn er nur nicht so klein wäre und so verschieden von meinen anderen Kindern", sagt die Hundemama. „Er allein hat kurzes Haar und ein schwarz-weißes Fell. Und dann sein überlanger Schwanz, mit dem er ständig wedelt." Die Hundemama seufzte. Sie selbst war eine Spaniel-Hündin, aber Däumling hatte eigentlich gar nichts von einem Jagdhund an sich. Dafür war er sehr abenteuerlustig. Sobald die Mama außer Sicht war, ging Däumling auf Entdeckungen aus. Es gab so viele wunderbare Dinge auf der Welt! An diesem Tag hatte er erfahren, daß der kleine Sohn des Hauses krank war. Er würde noch sehr, sehr lange im Bett liegen müssen. Der kleine Däumling beschloß, ihn zu besuchen, um ihn kennenzulernen. Er schlich durch die Eingangstür und lief schnell die Treppe hinauf. Du lieber Himmel, wie waren die Stufen so hoch für den kleinen Hund auf seinen kurzen

Pfötchen, und die Treppe war auch ganz schön lang.

Außer Atem kam er oben an. Er verschnaufte erst ein bißchen, dann steckte er neugierig die Nase durch die Tür zum Kinderzimmer.

Der kleine Junge lag blaß und still in seinem Bettchen. Er starrte durch das offene Fenster in den Garten hinaus. Vor kurzem hatte er noch mit seinen Spielkameraden im Garten herumgetobt. Dem kleinen Hund tat das Herz weh. Wie traurig war es doch – so ein krankes Kind im Bett zu sehen. Was konnte er nur tun, damit der kleine Junge wieder fröhlich wurde?

Da er ein höflicher kleiner Hund war, meldete sich Däumling, indem er ganz leise 'Wuff' sagte. Der kleine Junge schaute erstaunt auf das wuschelige Wollknäuel, das da in der Tür saß. Ganz schüchtern kam der winzige Däumling und versuchte, auf das Bett zu springen. Aber das Bett war zu hoch für den Kleinen, und immer wieder fiel das Hündchen auf den Boden zurück. Doch weil er so einen langen Schwanz.

hatte, gelang es dem kleinen Jungen, Däumling festzuhalten und zu sich hochzuziehen. Der kleine Hund wärmte den kranken Jungen und dieser streichelte liebevoll den winzigen Hund. Darüber schliefen sie beide ein. Das Kind hielt Däumling im Arm und das Hündchen hatte seinen Kopf an die Schulter des Jungen gelehnt. Als die Mutter hereinkam, mußte sie lächeln, so nett sah es aus, wie die beiden im Bett lagen. Sie weckte sie nicht, sondern ließ sie weiterschlafen.

Von nun an besuchte Däumling den kranken kleinen Erich jeden Tag. Aber weil er so klein war, nahm Erichs Mutter ihn immer auf den Arm und trug ihn die Treppe hoch. Dann leistete Däumling dem kranken Erich Gesellschaft und Erich fand, daß es der klügste Hund auf der Welt sei. Mit Däumling konnte er sprechen und ihm alles erzählen, seine Freuden und seinen Kummer, und Däumling antwortete ihm auf seine Art – „schnüff, schnüff." So gingen die langen Tage der Krankheit für Erich viel schneller vorbei, und er wurde schneller gesund.

Endlich durfte Erich aufstehen. Zusammen mit Däumling durfte er zum ersten Mal wieder in den Garten gehen. Seine Eltern waren überglücklich: Die Liebe eines kleinen Hundes hatte an dem kranken Kind wie ein Wunder gewirkt.

Tripp und Trapp.

Tripp und Trapp, zwei kleine Elefanten, sind auf dem Weg zum Fluß. Trapp steckt seinen Rüssel ins Wasser, aber er zieht ihn schnell wieder zurück und schneidet dabei eine Grimasse. „Puh", sagt er, „es ist viel zu warm. Es müßte regnen." Statt in die Sonne zu gehen, legt er sich lieber in den Schatten eines Baumes. Nun seht einmal diesen Faulenzer an. Er ist auf der Stelle eingeschlafen.

Tripp zieht ihn am Schwanz. Aber Trapp schläft immer weiter. Da läuft Tripp zum Wasser und kommt zurück, um Trapp mit seinem Rüssel richtig abzuduschen. Da endlich öffnet Trapp die Augen.

„Laß mich schlafen", sagt er wütend.

„Ich hab gedacht, wir sind hergekommen, um zu spielen."

„Ja, aber jetzt will ich lieber schlafen. Komm, leg dich auch ein bißchen

45

in den Schatten. Dann können wir ja später zusammen spazierengehen."

Da legt sich auch Tripp ins hohe Gras, und sie schlafen beide ein wenig.

In der Zwischenzeit hat ihre Mama, Daniela, sie gesucht. „Tripp", ruft sie, „Trapp, wo seid ihr? Es ist Zeit zum Baden."

Aber die beiden geben keine Antwort.

Ich bin ja wohl eingeschlafen, während die beiden wegliefen, denkt sie. Nach der Sonne muß es jetzt schon vier Uhr sein. Aufgeregt weckt sie Mambo, den Vater von Tripp und Trapp.

„He, was ist los? Was soll das? Warum weckst du mich?"

„Die Kinder sind fort."

Bei diesen Worten erhebt sich der gewaltige große Mambo und beginnt laut zu trompeten. „Wozu mußtest du auch einschlafen?" schimpft er, „wo sind die Kinder jetzt? Vielleicht sind sie in eine Fanggrube gefallen." Aber dann tröstet er seine Frau: „Weine nicht Daniela, vielleicht sind sie gar nicht weit weg von hier. Wir werden sie schon wieder finden."

Doch so lange die Elefanteneltern auch suchen, Tripp und Trapp bleiben verschwunden. Die Eingeborenen haben sie gefangen, während sie schliefen. Aber freuen wir uns, wir werden die kleinen Elefanten zu unserer großen Freude im Zirkus der Hauptstadt wiedersehen.

Die Geschichte vom Regenpfeifer und dem Krokodil.

Das Krokodil und der Regenpfeifer sind schon seit langer Zeit Freunde. Der Regenpfeifer hüpft ohne zu zögern und jederzeit in den riesigen Rachen des Krokodils. Und wißt ihr auch, warum?

Es hat alles so angefangen:

Vor ganz langer Zeit putzten sich alle Krokodile auf der ganzen Welt noch selbst die Zähne. Sie hatten dafür eine große, ovale Zahnbürste. Es gab einen Baum, auf dem die Zahnbürsten wuchsen. Der Baum war sehr schenkfreudig. Er gab alle Zahnbürsten her. Das war sehr bequem und man konnte die Zahnbürsten wechseln so oft man wollte. Die Krokodile waren glücklich und zufrieden. Aber dann wandelte sich alles Leben auf der Erde und der Baum verschwand. Plötzlich gab es keine Zahnbürstenbäume mehr. Doch die Krokodile blieben. Sie waren nun ziemlich ratlos. Um ihre Nahrung gründlich zu kauen, brauchten sie gute Zähne. Was würde jetzt wohl werden? Zuerst wurde es ganz schlimm. Die Krokodile kriegten alle faule Zähne. Sie hatten Zahnschmerzen, und ihre Zähne fielen nacheinander aus. Jetzt konnten sie nur noch Brei essen. Das schmeckte ihnen aber gar nicht. Die alten Krokodile gaben sich damit zufrieden, aber die jungen Krokodile mochten so nicht leben. Außerdem hatten sie immer großen Hunger. Unter ihnen war auch Tulu, ein ganz besonders nettes Krokodil. Es war von Kindheit an mit einem kleinen Vogel, dem Regenpfeifer, befreundet. Das Vögelchen stellte sich auf Tulus Rücken um sich immer über den Fluß bringen zu lassen, hin und her.

Eines guten Tages fing Tulu an zu jammern. „Ich habe Zahnschmerzen, au!"

Der kleine Regenpfeifer begab sich in das Maul des jammernden Krokodils und schaute nach. „Ich werde dir die Zähne sauber machen", sagte er, „dann hören die Zahnschmerzen auf." Tatsächlich betätigte sich der kleine Vogel jetzt als Zahnbürste. Mit seinem spitzen Schnabel pickte er dem unglücklichen Tulu alle Speisereste zwischen den Zähnen weg.

„Das ist wunderbar", rief das Krokodil nach einer Weile, „ich habe doch tatsächlich keine Zahnschmerzen mehr!" Es strahlte und entwickelte von nun an einen gesunden Appetit. Es ließ auch seine Geschwister und Bekannten an dieser neuen Erfindung teilhaben. Die Krokodile baten die Regenpfeifer ihnen auch in Zukunft zu helfen. Das taten sie gerne, und so entwickelte sich eine wunderbare Freundschaft zwischen ihnen.

Susi und die Bohne.

In einem halbverwilderten Garten wuchs eine Bohnenpflanze. Es war ein sehr trockener Juli, und die arme Pflanze verdurstete fast.

Ganz in der Nähe war ein Labor. Darin lebte Susi, eine kleine weiße Maus. Sie war sehr unglücklich, denn sie sollte zu Experimenten verwendet werden. Da beschloß die weiße Maus, zur Nachtzeit in den Garten zu fliehen. In der Frühe goß sie als erstes die grüne Bohne, und dann suchte sie Schutz hinter dem dichten Unkraut, das dort wuchs. Niemand konnte sie da entdecken.

Die Bohne erholte sich wieder. Abends goß die Maus sie wieder und schlief nach getaner Arbeit ein. Die Maus hatte keine Ahnung, daß sie auf ihrem Fell ein starkes Pflanzenwuchsmittel trug. So war sie sehr erstaunt, als sie am nächsten Morgen aufwachte und entdeckte, daß die Bohne fast bis in den Himmel gewachsen war. Da wurde die weiße Maus sehr neugierig. Was für interessante Dinge konnte man von dort oben wohl sehen? Sie hielt es nicht mehr aus vor Neugier und kletterte an dem Pflanzenstengel hoch. Aber nach einiger Zeit wurde sie doch sehr müde. Die Bohnenpflanze wuchs immer weiter und erreichte eine derartige Höhe, daß es der Maus ganz schwindlig wurde. Die Bohne wuchs und wuchs. Sie wuchs, zusammen mit Susi, die sich auf ihren Blättern ausruhte, bis zu einem anderen Planeten. Dort gab es weiße Bohnen und grüne Mäuse. Susi wurde sofort zur Königin der grünen Mäuse ernannt, und die Bohne wurde Vorsitzende der weißen Bohnen. Die grüne Bohne wuchs jetzt auch in die Breite. Sie wurde zum Baum, der auf diesem Planeten jedem Schatten spendete. Was Susi angeht, so war sie froh, von der Erde weg zu sein und auf diesem neuen Planeten zu leben.

So waren alle beide glücklich und zufrieden.

49

Eine ganz wunderbare Überraschung.

„Bleibt gut versteckt, meine Lieben", sagt Mama Biber zu ihren Jungen. „Ich helfe jetzt eurem Vater unser Haus zu vergrößern."

„Aufwiedersehen, Mama", antworten die kleinen Biber und legen sich zum Schlafen hin. Sie stecken die kleinen Nasen zwischen ihre Vorderpfoten.

Es ist schön mollig in den Biberbettchen.

Aber als sie wieder wach werden, lockt die Frühlingssonne draußen im Wald sie aus den Betten.

„Kommt wir spielen", ruft Niki, der Jüngste, „Verstecken oder Räuber und Gendarme oder was sonst?"

„Ich habe eine gute Idee", antwortet Mandi.

„Sag schnell, welche", ruft Nina.

„Wollen wir uns nicht einen eigenen ganz kleinen Biberbau machen?"

„Das ist aber schwer", meint Niki.

„Gar nicht", widerspricht Mandi. „Du wirst sehen, Niki. Ich weiß wie es geht. Ich habe Papa doch schon geholfen. Komm, wir gehen jetzt zum Fluß und bauen unseren eigenen Biberdamm."

Jetzt sind die kleinen Biber alle begeistert. Sie laufen ganz schnell an den Fluß. Es macht Spaß, eine richtige Hütte zu bauen. Niki schwimmt als erster los und schaut, welches Ufer am besten geeignet ist, um einen Damm zu bauen. „Hier", sagt er. „Hier ist es prima, hier können wir

anfangen, einen Damm zu bauen.

„Prima", schreien seine Geschwister, „ein Damm, ein Damm!"

„Kommt, wir wollen zusammen diese Birke fällen!"

„Nein, jeder fällt einen Baum für sich."

Die drei kleinen Biber nehmen sich drei junge Bäume vor.

„He, Niki, du Dummkopf, du mußt an dieser Seite den Stamm annagen, damit der Baum auch in den Fluß fällt."

Niki ist wütend, daß die anderen ihn 'Dummkopf' genannt haben. Er hört auf zu nagen, hockt sich neben die Birke und ist richtig schlecht gelaunt und beleidigt.

Wenn ich doch ein Dummkopf bin, werde ich auch nicht mehr mitarbeiten. Der Damm ist mir ganz egal. Nein, er macht nicht mehr mit. Überhaupt nicht. Er wird schlafen und träumen, spazieren gehen und sich anderswo amüsieren. So – da habt ihr's! denkt er wütend. Fast freut er sich darüber, daß er wütend ist.

„Ach Niki, das war doch nur Spaß", sagt sein Bruder, „du hast schon ganz prima gearbeitet, komm, ich helfe dir weiter."

Niki steht doch wieder auf und geht hinüber. Seine kleinen Zähne zernagen den Stamm.

„Achtung, Niki, der Baum kippt, er fällt! Nimm dich in acht!"

Krack-kreck. Jetzt ist es soweit. Der Baum fällt um.

„Bravo, Niki, jetzt mach' Stücke daraus!"

Wie schnell der Tag vergeht. Niki ist eifrig bei der Sache. Er hat schon einen großen Haufen Rundholz genagt. Am Abend ist der Damm soweit fertig. Sie haben Zweige dazu verflochten und Schlamm hineingepreßt, den sie mit ihren breiten Schwänzen festklopfen.

„Das ist toll geworden", ruft Niki und bewundert seine Arbeit. Langsam gehen die jungen Biber wieder nach Hause. Sie sind alle drei sehr müde. Als sie in ihren Bau unter Wasser kommen, sind die Eltern sehr froh. Sie fingen gerade an, sich Sorgen zu machen.

„Habt ihr weder den Fischotter noch den Fuchs gesehen?" fragt Mama Biber.

„Nein, Mama, wir haben gearbeitet", ruft Niki, aber Mandi kneift ihn schnell in die Pfote. Niki ist zwar ein Schwätzer, aber er versteht gleich, was das bedeutet. Er verbessert sich: „Wir haben schön gespielt."

„Du weißt schon gar nicht mehr, wovon du sprichst", sagt die Mama. „Du bist wohl vom Herumspringen und Laufen müde. Geh nur schnell ins Bett und schlaf."

An den nächsten Tagen setzen die kleinen Biber ihre Arbeit fort. Aus kleinen Holzstücken, Steinen und Schlamm machen sie sich einen richtigen Biberbau. Niki flicht die Zweige, während Mandi und Nina die Ritzen mit Schlamm füllen, oder eine neue Birke fällen. Der Bau ist fast fertig. Sie haben sich Grasbetten gemacht. Die sind sehr mollig. Da dreht sich Niki plötzlich um und schreit: „He, der Fischotter, der Fischotter!"

Mandi läuft den langen Tunnel des Baus entlang und erblickt plötzlich einen flachen Kopf mit einem Schnurrbart, der an die Oberfläche taucht. Der Fischotter schwimmt leise, um sie zu überraschen. Niki und Mandi kämpfen mit dem Otter, solange, bis der wegtaucht und unter dem Tang verschwindet.

„Bravo Niki. Du hast gut aufgepaßt. Einen Augenblick hatte ich richtig Angst."

„Du, ich aber auch", sagt Niki, „ich hoffe, der Fischotter kommt nicht noch mal. Den haben wir ganz schön vertrimmt!"

Als sie ganz fertig sind, laden die kleinen Biber ihre Eltern ein, damit sie sich über diese Überraschung freuen.

„Ihr müßt beide mal mitkommen", drängt Niki.

„Seit einiger Zeit sind sie alle drei so brav", meint Mama Biber, „was haben sie denn jetzt wieder angestellt? Ich frage mich, womit sie ihre Zeit verbracht haben, die ganzen Tage. Hoffentlich haben sie keine Dummheiten gemacht."

„Wir werden morgen ja sehen", sagt Papa Biber ganz ruhig. „Jetzt ist es Schlafenszeit. Ich bin furchtbar müde."

Niki kann es gar nicht erwarten. Er wacht als erster auf. Gleich springt er aus dem Bett, um allen 'Guten Morgen' zuzurufen, damit sie endlich aufstehen. Aber die anderen brauchen alle ziemlich lange, bevor sie ihre Augen aufmachen.

„Also", sagt Papa Biber, „wie steht es mit eurer Überraschung, Kinder?"

„Ihr müßt mit an den Fluß kommen", rufen die drei.

„Also gut, gehen wir alle an den Fluß", sagt der Papa.

Wie schön ist es doch, im klaren Wasser zu schwimmen, auf dem die Sonnenstrahlen tanzen. In allen Birken singen die Vögel. Es ist ein schöner Tag.

„Das ist unser Reich", sagt Niki stolz.

Der Papa kann es gar nicht glauben. „Mach keine Witze", sagt er, „wer wohnt hier?"

Wuschel, der kleine Eisbär.

Auf dem Packeis lebt der kleine weiße Eisbär mit seinem Vater, seiner Mutter und seinen Freunden, den Pinguinen. Sie haben so schöne Rutschbahnen auf dem Schnee gemacht.

„Vorsicht, Wuschel, versteck dich", sagt Papa Eisbär. „Jetzt kommen die Jäger."

Wuschel macht sich ganz, ganz klein und versteckt sich im Schnee. Dabei kneift er fest die Augen zu.

„Jetzt kannst du wieder 'rauskommen", ruft Papa Bär, „komm, wir wollen Lachs fangen." Wuschel frißt bis er satt ist. Dann geht er zu Mama Bär und bietet ihr auch einen Fisch an.

„Ach", seufzt der kleine Bär, „ich möchte mal ganz allein losgehen, weit, weit in die Ferne, um zu sehen wo der Himmel aufhört."

„Sobald es Frühling wird, mein Wuschelchen", sagt Mama Bär, „werden wir dir erst einmal das Schwimmen beibringen."

Wuschel weiß gar nicht, was das ist – 'Frühling'.

Er läuft einfach los auf der Suche nach Abenteuern, und immer in der Richtung, wo das Licht der Sonne herkommt.

Mama Bär sucht ihren Kleinen und ruft: „Wuschel, Wuschel!" Aber nur die Möwen geben ihr Antwort: „Der kleine weiße Bär ist ans Meer gelaufen", rufen sie.

Mama Bär läuft voller Angst auch dorthin. Sie hört wie etwas laut kracht. Und was sieht sie? Ein Eisberg ist vom Packeis abgebrochen und treibt schon weit vom Strand in der Strömung. Auf diesem großen Eisstück sitzt ein kleiner, weißer Bär ganz allein.

Platsch – Mama Eisbär läßt sich ins Wasser fallen und schwimmt so schnell sie kann, um den Eisberg einzuholen, der sich immer weiter entfernt. „Wuschel, mein Kleiner, komm, schwimm zu mir."

„Aber ich weiß doch nicht wie, Mama. Ich hab' Angst!"

„Spring, schnell, spring und mach es wie ich. Schwimm, schwimm, beweg deine Pfoten, so – weiter, weiter. Ja, so ist's gut, Wuschelchen. Hab keine Angst, ich bin ja bei dir. Siehst du, wir kommen vorwärts."

Und so hat Wuschel, der kleine abenteuerlustige Eisbär, wieder zurückgefunden aufs Packeis zu seinem Papa und seinen Freunden, den Pinguinen und Seelöwen. Plötzlich kann er schwimmen.

Die beiden Känguruhs.

Bevor es Menschen gab auf unserer Erde, lebten zwei Känguruh-Brüder mitten unter den anderen Tieren.

Es waren zwei sehr freundliche Känguruhs, und sie waren ganz weiß, was den Neid der anderen Tiere hervorrief.

Nur das Hermelin war genauso weiß wie die beiden, deshalb kannte es keinen Neid.

Eines schönen Morgens sagte das ältere Känguruh, das Kapi hieß, zu seinem Bruder: „Du, Japi, ich habe Lust zu spielen, ich weiß nur nicht, was."

Japi überlegte eine Weile. Dann sagte er: „Komm, laß uns springen."

„Das ist doch nichts besonderes", meinte Kapi und zuckte die Achseln.

Japi achtete nicht darauf. „Wir wollen springen, um herauszufinden, wer von uns am höchsten springen kann", schlug er vor.

56

Klar – das bin ich, sagte Kapi zu sich selbst. Aber er sagte es nicht laut.

Und dann sprang er höher und immer höher, bis er an eine graue Wolke stieß, die gerade zufällig vorbeikam. Kapi hielt sich daran fest.

Die Wolke runzelte die Stirn.

„Entschuldige bitte", sagte Kapi, „so hoch wollte ich eigentlich gar nicht springen. Ich geh jetzt wieder hinunter."

Aber als er sah, wie tief unter ihm der Boden war, wurde ihm richtig schwindelig. Deshalb machte er lieber die Augen zu.

Die Wolke schüttelte sich vor Lachen. Und das war für das junge Känguruh ziemlich unangenehm, weil es so schaukelte. So riß er einfach ein paar Fetzen aus der Wolke heraus. Er wollte sich daraus eine Leiter basteln, um sich an den Sprossen festzuhalten.

Da wurde die Wolke sehr wütend. Kapi beeilte sich, schnell wieder auf den Boden zu kommen. Aber da hatte die Wolke sich schon wieder beruhigt und setzte ihre Reise lachend fort.

Warum hat sie wohl so gelacht? fragte sich Kapi verwundert. Zwei Minuten später sagte ihm Japi, warum die Wolke gelacht hatte.

„Du bist prima gesprungen. Aber jetzt bist du ganz grau." Kapi war ganz entsetzt darüber. Er versuchte, die graue Farbe zu entfernen, aber schließlich mußte er einsehen, daß er so bleiben würde.

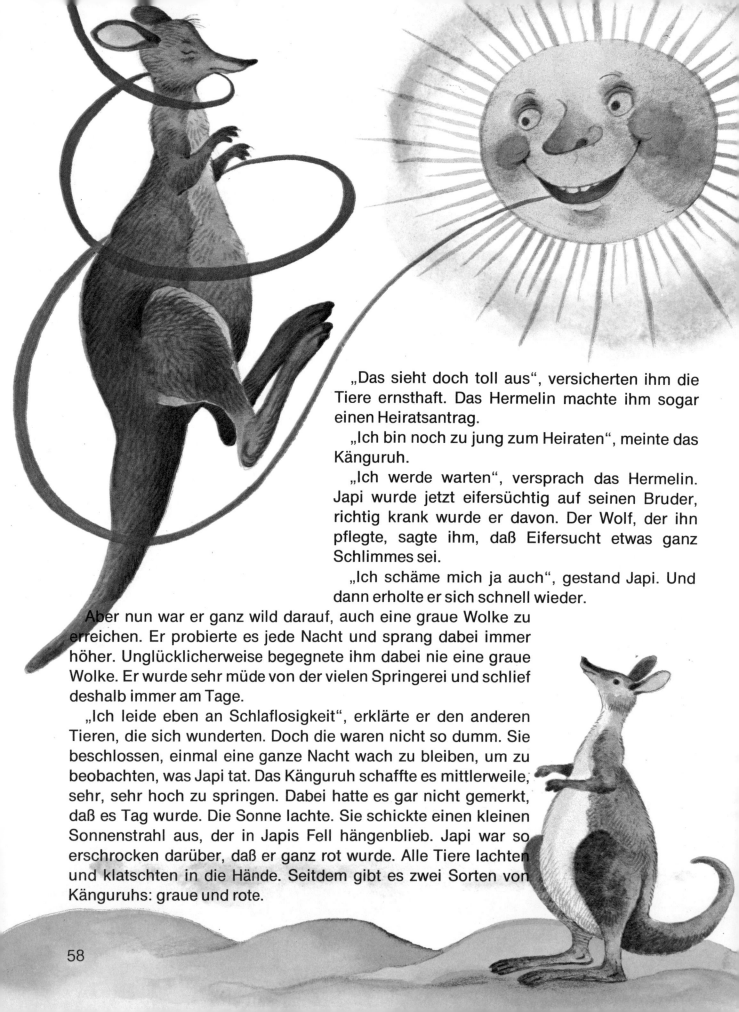

„Das sieht doch toll aus", versicherten ihm die Tiere ernsthaft. Das Hermelin machte ihm sogar einen Heiratsantrag.

„Ich bin noch zu jung zum Heiraten", meinte das Känguruh.

„Ich werde warten", versprach das Hermelin. Japi wurde jetzt eifersüchtig auf seinen Bruder, richtig krank wurde er davon. Der Wolf, der ihn pflegte, sagte ihm, daß Eifersucht etwas ganz Schlimmes sei.

„Ich schäme mich ja auch", gestand Japi. Und dann erholte er sich schnell wieder.

Aber nun war er ganz wild darauf, auch eine graue Wolke zu erreichen. Er probierte es jede Nacht und sprang dabei immer höher. Unglücklicherweise begegnete ihm dabei nie eine graue Wolke. Er wurde sehr müde von der vielen Springerei und schlief deshalb immer am Tage.

„Ich leide eben an Schlaflosigkeit", erklärte er den anderen Tieren, die sich wunderten. Doch die waren nicht so dumm. Sie beschlossen, einmal eine ganze Nacht wach zu bleiben, um zu beobachten, was Japi tat. Das Känguruh schaffte es mittlerweile, sehr, sehr hoch zu springen. Dabei hatte es gar nicht gemerkt, daß es Tag wurde. Die Sonne lachte. Sie schickte einen kleinen Sonnenstrahl aus, der in Japis Fell hängenblieb. Japi war so erschrocken darüber, daß er ganz rot wurde. Alle Tiere lachten und klatschten in die Hände. Seitdem gibt es zwei Sorten von Känguruhs: graue und rote.

In Freiheit leben.

Paulchen, der kleine Maulwurf, ist immer traurig, weil er nie die Sonne sehen kann. Zwar hat er eine hübsche Höhle, wunderbar eingerichtet mit molligen Kissen. Dennoch kennt sein kleines Herz keine Freude. Er ist so allein und außerdem langweilt er sich.

Eines Morgens hat er es satt, immer nur vorsichtig zu sein. Er will sich nicht mehr die Ratschläge anhören, die seine Familie ihm immerzu gibt. Er zieht sich sein schönstes Gewand an und wagt sich hinaus in die weite Welt. Die Knie zittern ihm, solche Angst hat er. Aber er überwindet sie, denn lieber will er Gefahren begegnen, als weiter so langweilig und allein in seiner Höhle leben.

Zuerst blendet ihn die Sonne, aber sie erwärmt schnell seine kalten Knochen. Plötzlich fühlt Paulchen sich sehr wohl. Er schlendert über die große Wiese unter den Bäumen dahin, folgt dem Flug eines Schmetterlings und findet es wunderschön, wie die Vögel singen. Alle Tiere hier sind frei, denkt er und läßt sich am Flußufer nieder. Wie schön ist doch die Natur!

59

„Hallo", ruft ein kleiner Fisch und streckt den Kopf aus dem Wasser. „Guten Tag, mein Lieber. Ich heiße Konrad."

Paulchen ist so erschrocken, daß er einen Satz nach hinten macht.

„Du mußt doch nicht gleich davonlaufen", sagt Konrad vorwurfsvoll, „hast du etwa Angst vor mir? Ich kann doch gar nicht hier raus. Ich muß doch immer nur unter Wasser leben."

„Ich habe bisher nur unter der Erde leben müssen", meint Paulchen „und ich war sehr unglücklich da unten."

„Aber jetzt bist du doch draußen", sagt Konrad, „dir geht es doch besser als mir, oder?"

Erst jetzt merkt Paulchen, was für ein glückliches Tier er doch ist. Es ist wahr. Er kann in der freien Luft leben. Aber Konrad könnte das nicht. Er würde an der Luft ersticken. Die Tränen steigen Paulchen vor lauter Mitleid in die Maulwurfsaugen: „Armer Konrad!" ruft er, ich komme jetzt jeden Tag an den Fluß, um dir Gesellschaft zu leisten."

Das tut er dann auch. Er kommt täglich, um seinem Freund Konrad, dem Fisch, von dem Leben außerhalb des Wassers zu erzählen.

Die kleine Katze, die ihre Hose zerriß.

„Paßt auf eure schönen Sonntagskleider auf, wenn wir jetzt zu Tante Amalie gehen, um ihr ein gutes Neues Jahr zu wünschen", sagt die Katzenmama zu ihren Jungen, „und vor allem – bleibt sauber!"

Mimi reibt ihre Lackschuhe blank. Toni zieht seine Krawatte an. Billa macht ihren neuen Gürtel fest, Fritzi bewundert sein weißes Hemd im Spiegel.

Die Katzenmama findet ihre Kinder sehr hübsch. Sie ist stolz darauf, so hübsche Kinder zu haben. Aber die Zeit wird den kleinen verspielten Kätzchen sehr lang. Mimi fängt Fliegen am Fenster. Toni spielt hinter den Vorhängen Verstecken. Billa wühlt in einer Schublade und wirft alles durcheinander. Fritzi läuft vor einem Hund davon. Er hat Angst und klettert an einer Dachrinne hoch. Dann geht er auf dem Dach einfach spazieren. Von da hüpft er auf die Mauer und wieder hinunter in den Garten.

„Wir wollen jetzt gehen", ruft die Mutter, „beeilt euch!" Sie hat ihren schönen Federhut aufgesetzt und ein rosa Halstuch umgebunden.

Hopp, hopp, hopp, hopp – vier kleine Katzen erscheinen am Zaun.

„Du lieber Himmel!" ruft die Katzenmama, „Fritzi, was hast du bloß gemacht?"

Fritzi läßt den Kopf hängen. Auch Mimi, Toni und Billa sehen ihn ganz entsetzt an.

„Du böses Kind!" ruft Mama zornig, „du hast dir ja die Hose zerrissen. Zur Strafe bleibst du allein zuhause und gehst ohne Abendessen ins Bett."

Fritzi geht traurig ins Haus zurück.

„Und ihr drei", setzt Mama ihre Rede fort, „bleibt jetzt brav, verstanden? Ich will mich euretwegen nicht bei der Tante Amalie blamieren."

Mimi, Toni und Billa kommen vor dem Haus von Tante Amalie an. Sie putzen sich die Schuhe auf der Matte ab und ziehen an der Glocke.

„Guten Tag, Tante Amalie!"

„Ein gutes, Neues Jahr, Tante Amalie!"

„Glück und Gesundheit, Tante Amalie!"

Mama plaudert mit der Tante und ist sehr zufrieden. Aber wieder wird den kleinen Kätzchen die Zeit so lang. Sie sitzen artig im Salon auf den Sesseln. Sie hätten so gerne ein wenig herumgetobt. Aber die Katzenmama schaut sehr streng zu ihnen herüber.

Endlich gibt es Kuchen und Bonbons und Süßigkeiten in allen Farben. Mimi, Toni und Billa trinken ganz langsam ihren Milchkakao und nehmen sich von dem Kuchen, von den Bonbons und den vielen Süßigkeiten.

„Vielen Dank, Tante Amalie", rufen alle drei.

„Deine Kinder sind wirklich sehr gut erzogen", meinte die Tante. Mama Katze lächelt. Das hört sie gerne.

Die Kätzchen knabbern ganz lieb an den Süßigkeiten und unbemerkt füllen sie sich ihre Taschen damit.

Während dieser Zeit sitzt Fritzi in seinem Zimmer auf dem Bettrand. Er weint heiße

Tränen, weil er sich so schrecklich langweilt. Und außerdem kriegt er nichts von Tante Amalies gutem Kuchen. Fritzi ist ganz schrecklich traurig, weil er weiß, wie lecker Tante Amalies Kuchen immer sind.

Wie langsam die Zeit vergeht und wie allein er ist! Auch der große Garten ist verlassen. Warum versinkt die Sonne nicht schneller hinter dem Horizont? Aber schließlich wird es doch dunkel. Die Blumen gehen schlafen und die Schmetterlinge auch.

Armer Fritzi. Er hat sich draußen, als er auf der Dachrinne war, die Nase mit seinen schmutzigen Pfoten gerieben. Jetzt ist er ganz schwarz im Gesicht. Und sein leerer Magen knurrt. Seine Geschwister haben es gut. Die amüsieren sich und essen sich satt. Endlich kommen Mimi, Toni und Billa nachhause. Sie ziehen ihre schönen Sonntagskleider aus und falten sie auf einem Stuhl zusammen. Bevor sie schlafen gehen, beugen sie sich über Fritzis Bett. Der ist noch wach und sehr hungrig.

„Nimm", sagt Mimi, „hier ist Kuchen für dich."

„Da", sagt Toni, „die Bonbons sind für dich."

„Nimm", sagt Billa, „die Pralinen sind alle für dich."

„Dankeschön", sagt Fritzi ganz glücklich.

Während seine Geschwister schon schlafen, knabbert Fritzi die guten Sachen von Tante Amalie unter der Bettdecke.

„Ein glückliches Neues Jahr, Tante Amalie!"

Ali, der kleine Esel.

Wie jeden Morgen laufen Mohammed, der kleine Eseltreiber und Ali, das Eselchen durch den Palmenhain. Sie wollen an den Brunnen, der die Hirsefelder an dem ausgetrockneten Flußbett bewässert. Ali wird dort an einem großen Rad angebunden, das einen Flaschenzug betätigt. Wenn das Rad sich dreht, wird der Flaschenzug in Bewegung gesetzt. Er schöpft das Wasser aus dem Brunnen. Ali läuft immerzu im Kreise, damit das Rad sich dreht. Das Wasser, das in kleinen Eimern aus dem Brunnen geschöpft wird, kommt in schmale Rinnen. Von dort läuft es weiter und macht die Felder naß. Es ist eine mühselige Arbeit ohne Pause. Nur so können die Felder, die sonst vertrocknen würden, grün bleiben. Der kleine Esel Ali wird allmählich schrecklich müde. Er schnuppert die klare Luft, und den Duft der Orangen. Er sieht in den blauen Himmel und möchte gerne frei sein und herumlaufen, wie es ihm gefällt. Da kommt ihm eine Idee. Er wirft sich hin und wälzt sich, als habe er schlimme Bauchschmerzen.

Mohammed kriegt einen furchtbaren Schreck. Statt das Eselchen in den Stall zurückzubringen, stellt er sich daneben und jammert: „Was soll nun aus mir werden? Die ganze Ernte ist verloren." Und er ist so klein. Er kann nicht am Schöpfrad laufen wie der Esel, der viel stärker ist als Mohammed. „Allah, Allah!" schreit er, „hilf mir doch!"

Weil sein Freund so verzweifelt ist, bekommt der kleine Esel Mitleid. Er seufzt und erhebt sich wieder.

„Na schön", sagt er, „machen wir weiter."

Wie die kleine Wildente groß wurde.

Der Morgen dämmert über der Heide. Der Nebel über dem Sumpf verschwindet.

„Marsch, ins Wasser mit euch", sagt die Entenmutter zu ihren sieben Kindern, „schwimmt alle hinter mir her."

Stolz reckt die Mama den Kopf und führt ihre Jungen dorthin, wo sie sich sicher im Schilf verstecken können. Es lauern ja so viele Gefahren auf sie. Es sind ja noch ganz kleine Entenküken. Sie haben Flaum an den Flügeln, noch gar keine richtigen Federn. Deshalb können sie auch noch nicht fliegen.

Die Mama schimpft mit Danni, dem jüngsten Entenküken:

„Bleib nicht dauernd zurück. Beeil dich."

„Aber Mami, einer muß doch letzter sein."

„Sei nicht frech. Ich will aber nicht, daß du die letzte bist."

„Ich wollte, ich wäre schon groß", seufzt Danni.

Mit der Zeit sind aus den Entenküken junge Wildenten geworden. Jetzt können sie auch schon fliegen. Aber die Mama befiehlt immer noch was sie zu tun haben. Besonders Danni. Die mag das gar nicht leiden.

Frau Fröschin hüpft eben aus dem Wasser und erblickt die Enten. Sieben neue Fresser, denkt sie

erschrocken. Brrr. Sie ergreift in großen Sprüngen die Flucht. Ihre kleinen Frösche hüpfen hinterher.

„Da!" ruft Danni, „schau mal, Frösche! Das ist doch mal was anderes zum Essen." Und auf der Stelle schwimmt sie hinterher. Aber von oben hat ein Raubvogel das beobachtet – der Sperber. Er hat nur auf diesen Augenblick gewartet. Jetzt stürzt er sich auf die junge Wildente herab.

Frau Fröschin ist der Ente nicht böse. Sie hat den Raubvogel gesehen. „Dummes Ententier!" ruft sie, „laß uns Frösche in Ruhe und schau lieber mal in die Luft. Der Sperber ist hinter dir her!"

„Vielen Dank, Frau Frosch! Zu gütig. Das habe ich gar nicht verdient", antwortet die Wildente kleinlaut.

„Du bist einer großen Gefahr entkommen", erwidert die Froschdame „könntet ihr nicht, du und deine Familie, etwas anderes essen als ausgerechnet Frösche?"

„Ich verspreche es", sagt die junge Ente, „ich werde es der ganzen Familie sagen."

Wie schön, daß sie noch einmal davongekommen ist. Danni zittert immer noch am ganzen Körper. Als sie wieder zuhause ankommt, erzählt sie den anderen die Geschichte und berichtet von dem Versprechen, das sie den Fröschen gegeben hat. Alle schwören sich, daß sie nie mehr einen netten Frosch fressen werden.

Wuppi und der Waschbär.

Wuppi ist ein lieber kleiner Indianerjunge, der mit seinen Eltern in einem Zeltdorf am Waldrand lebt.

Wie alle Indianerjungen begleitet Wuppi seinen Vater zum Fischen und zum Jagen. Er muß lernen, wie man mit Pfeil und Bogen umgeht. Oft trägt Wuppi die großen Kübel mit Wasser ins Zelt, die seine Mutter zum Kochen und Waschen braucht. Er ist ein freundlicher kleiner Junge. Er hat ziemlich früh gelernt, wie man aus Zweigen eine Hütte baut, die einem verirrten Jäger in der schlechten Jahreszeit Schutz gewähren kann. Er beherrscht auch die Kunst, schmale Fleischstreifen auf einem Holzfeuer zu räuchern.

Eines Morgens, als er ganz allein in seinem Kanu sitzt und angelt, erblickt er zwischen den Wurzeln der Mangrovenbäume ein kleines Fellknäuel. Das zittert und wimmert. Wuppi greift danach und zieht das Tierchen mit dem blutbefleckten Fell ins Boot. Es ist federleicht. Der kleine Indianer preßt das zitternde Tierchen an die Brust, damit es warm wird und paddelt schnell nachhause zurück.

„Das ist ein junger Waschbär", sagt sein Vater. „Schau mal, er hat braune Ränder um die Augen." Wuppis Mutter ist voller Mitleid. Sie wärmt Milch und verbindet die Wunde. Dann schläft der kleine Waschbär satt und zufrieden ein. Da die Nächte schon kühl geworden sind, steckt Wuppi seinen kleinen Schützling unter die eigene Felldecke. Wuppi tauft das Waschbär-Baby auf den Namen Flupp. Flupp wird schnell gesund. Seine kleinen Augen sind schwarz wie Lakritze und wieder ganz blank. Auch sein Fellchen glänzt wieder. Sein hübscher beige-brauner Schwanz ist seidenweich. Von nun an sitzt Flupp immer auf Wuppis Schulter und begleitet ihn überall hin. Oft gibt der kleine Indianer etwas von seinem Fischfang an seinen Schützling ab. Er freut sich, wenn

er sieht, wie Flupp erst jedes Stück, das er fressen will, ins Wasser taucht und gründlich reibt und wäscht.

Eines guten Tages versammeln sich die Frauen des Dorfes beim Medizinmann und beklagen sich: Ein seltsamer Dieb geht um. Der stiehlt Brot und Mehl und das kostbare Salz in großen Mengen aus einer fest verschlossenen Vorratshütte. Die Frauen sind sehr aufgeregt darüber, denn der Winter steht vor der Tür. Da braucht man jedes bißchen Nahrung. Daraufhin soll die Hütte mit den Vorräten bewacht werden. Aber so sehr die Indianer auch aufpassen, sie erwischen den Dieb nicht. Eines Nachts ist Wuppi an der Reihe zu wachen. Wie sehr staunt er, als er plötzlich im Licht des Vollmonds sieht, daß Flupp geschickt zwischen zwei Stützbalken der Vorratshütte eindringt. Bald darauf kommt Flupp wieder zum Vorschein. Er hält einen großen Zuckerhut an sich gepreßt und läuft hinunter zum Fluß. Wuppi folgt ihm unauffällig. Am Fluß angekommen, taucht der kleine Bär seine Beute ins Wasser, wie er es gewohnt ist. Er will den Zucker waschen, bevor er ihn ißt. Aber was ist das? Als er sich gerade voller Appetit über den Zucker hermachen will, klebt bloß noch ein kleiner Rest an seinen Pfoten. Mit enttäuschter Miene leckt er sich das bißchen Zuckerbrei ab. Wuppi muß sich Mühe geben, in seinem Versteck nicht zu lachen.

Aber der kleine Waschbär hat sich dadurch nicht entmutigen lassen. Er macht sich wieder auf den Weg, und bevor Wuppi es verhindern kann, ist Flupp schon wieder am Ufer. Ein Brocken Salz ist es diesmal, den er waschen will. Dem Salz ergeht es genauso, wie kurz vorher dem Zucker. Zwischen den kleinen, kräftigen Pfoten schmilzt das Salz im Wasser dahin. Flupp versucht gierig, das letzte bißchen Salz abzulecken und zieht eine Grimasse. Jetzt greift Wuppi ein und hält Flupp am Fell fest. Aber der versteht gar nicht, warum Wuppi jetzt zu schimpfen anfängt. Er wollte sich doch bloß etwas zu essen besorgen.

Als herauskommt, wer der Dieb war, sagt der Medizinmann ganz ruhig zu Wuppi: „Du mußt dich von deinem Freund trennen. Er ist jetzt ohnehin erwachsen und muß zu den anderen Waschbären zurück. Es wird dieses Jahr einen strengen Winter geben. Da können wir einen ausgewachsenen Waschbären gar nicht ernähren. Er wird sich auch unter seinen Artgenossen viel wohler fühlen. Außerdem muß er lernen, sich natürlich zu ernähren, ohne zu stehlen. Nimm dein Kanu und fahre in die Richtung, in der du den Kleinen gefunden hast. Dort gibt es eine ganze Kolonie von Waschbären."

Wuppi ist sehr traurig darüber, daß er sich von seinem kleinen Freund trennen soll. Aber was der Medizinmann sagt, muß getan werden. Wuppi sieht auch ein, daß jedes Stück Nahrung im Indianerlager bitter nötig ist, wenn der harte Winter kommt.

Ein letztes Mal nimmt der kleine Indianer seinen Waschbär-Freund mit ins Boot und paddelt flußabwärts. Der kleine Waschbär freut sich und erfrischt seine Vorderpfoten im kalten, klaren Flußwasser. Wuppi fährt ans Ufer, als er den Wald erblickt, an dessen Rand er Flupp gefunden hat. Das Laub der Bäume beginnt sich schon herbstlich zu färben.

Ein letztes Mal nimmt er den kleinen Waschbären auf den Arm und trägt ihn an Land. Dann läuft er schnell in sein Kanu zurück. Unter Tränen beobachtet er, was der Waschbär tut. Dem paßt das alles gar nicht. Er will gerade laut protestieren, da kommt ein anderer Waschbär aus dem Gebüsch, und die beiden beginnen miteinander zu spielen.

Er hat zu den Seinen zurückgefunden. Das tröstet seinen Beschützer Wuppi ein wenig.

Auf Wuppi wartet jetzt eine ganze Menge Arbeit. Er muß jagen, damit er die Wintervorräte seines Stammes vermehrt. Die Zeit der Spiele ist jetzt vorüber.

Die Reise auf den Mond.

Minu und Kitty, zwei niedliche Kätzchen, haben einen Regenschirm auf dem Speicher entdeckt. Sie spannen ihn auf, halten sich daran fest und springen damit von einem hohen Heuhaufen herunter. Das macht Spaß!

Da kam Amelie, eine kleine stolze, aber sehr furchtsame Maus vorbei. „Sollen wir die einladen, mit uns zu spielen?" Die beiden Kätzchen lachen in ihren Schnurrbart. Sie finden es furchtbar komisch.

Die kleine Maus hat das gehört. Sie faßt sich ein Herz und sagt: „Das hängt davon ab, was ihr spielt."

„Das Spiel, das wir spielen wollen, ist sehr lustig. Komm, du wirst sehen, wie toll lustig es ist."

Das Mäuschen will nicht ängstlich erscheinen, deshalb nimmt es die Einladung an. Soweit geht alles ganz gut und die drei neuen Spielkameraden haben viel Spaß miteinander. Amelie, die kleine Maus, findet viel Vergnügen an diesen neuen Spielen in einer ganz anderen Umgebung als ihrem Mauseloch. Die drei sind so beschäftigt, daß sie gar

nicht bemerken wie der Himmel sich plötzlich verdunkelt. Es wird sehr windig. Ein Windstoß nimmt den Schirm und bläst ihn in die Luft. Kitty, Amelie und Minu sind hineingefallen. Sie sitzen in dem aufgespannten Schirmdach wie in einer Gondel. Jetzt fliegen sie alle drei durch die Luft. Sie schreien laut vor Angst, aber niemand hört sie. Sie sind dem Sturm ausgeliefert, der bläst sie immer höher und höher hinauf in den Himmel, und plötzlich landen sie auf dem Mond. Dort gibt es eine wunderschöne Überraschung für die kleine Maus. Der Mond besteht aus einem großen runden Emmentaler Käse. Sofort fängt die kleine Maus gierig an, zu knabbern, so viel, daß bald kaum noch etwas übrig bleibt und die drei Spielkameraden auf die Erde hinunterfallen.

Die beiden Kätzchen sind sehr böse; denn seitdem es keinen Mond mehr gibt, sind die Nächte schwarz und traurig. Sie beschließen, den Mond mit Hilfe der Sterne wieder aufzubauen, aber nicht mehr aus Käse, sondern aus Licht. Minu und Kitty sind ganz glücklich, als der Mond schließlich wieder scheint. Aber Amelie hat noch eine Strafe verdient, finden sie.

Die kleine Maus ist aber schon bestraft. Ihr tut der Bauch so weh, daß sie viel, viel Rizinusöl einnehmen muß. Puuh! Das ist schlimm!

Trotz ihrer Leiden verzeihen ihr Minu und Kitty aber nicht. Sie jagen sie jedesmal, wenn sie sie sehen. Das ist auch der Grund, warum die Mäuse immer vor den Katzen davonlaufen müssen.

Die Geschichte vom Rotkehlchen.

In dem großen weiten Jade-Wald saß der Kronprinz im weichen Moos und weinte. Verzweifelt rief er um Hilfe, da er sich, weit von seinem Schloß aus rosa Marmor, verlaufen hatte. Die erste, die seine Hilferufe hörte, war eine weiße Taube.

„Täubchen, meine Freundin, sei lieb und flieg' ins Königsschloß. Bring meinem Vater dieses Taschentuch. Dann kommt er und holt mich hier ab."

„Ich mache mir mein weißes Kleid auf einer so langen Reise schmutzig", erwiderte die Taube. „Daran denkst du wohl gar nicht." Damit flatterte sie einfach davon, und ihre Flügel glänzten wie Silber. Als nächstes ließen sich zwei Drosseln, ganz in Schwarz gekleidet, bei dem Prinzen nieder.

„Freunde, ihr lieben Freunde, bringt doch bitte dieses Taschentuch dem König, meinem Vater. Dann weiß er, daß sein Sohn sich mitten im Jade-Wald verlaufen hat."

„Kleiner Prinz, die Zeit drängt. Wir müssen uns unser Nest bauen, bevor die Blätter gelb werden." Damit ließen die

73

Drosseln den jungen Prinzen in seiner Not allein.

Eine Blaumeise kam und flog um den Prinzen herum.

„Du bist so schnell", sagte der Prinz voller Hoffnung, „fliegst du zu meinem Vater ins Schloß um ihm zu berichten, daß sein Kind verlassen im Wald wartet?"

„Kaum habe ich dich verlassen, werde ich auch schon vergessen haben, daß es dich gibt", sagte die Blaumeise. „Das ist so meine Art. Ich bin sehr nachlässig." Und damit verschwand sie und flog hoch hinauf ins Himmelsblau.

Als der Prinz sich gerade ins Moos zurücksinken ließ, weil er nun alle Hoffnung auf Rettung aufgegeben hatte, kam ein kleiner Vogel angeflogen und setzte sich auf seine Hand. Es war kein besonders auffallender Vogel. Er hatte ein graues Gefieder und schien ganz bescheiden wie sein Federkleid. Er konnte den freundlichen blonden Prinzen nicht weinen sehen. Er wollte etwas unternehmen, um ihn zu retten. So nahm er das gestickte Taschentuch in den Schnabel und flog davon, zum Schloß aus rosa Marmor. Doch der Weg dorthin war für so einen kleinen Vogel sehr weit. Er spürte, wie seine

Kräfte ihn allmählich verließen. Doch er erreichte das Schloß mit letzter Anstrengung und fiel erschöpft vor die Füße des Königs. Der König war gerade in Begleitung der Königin hinauf auf den Wehrgang gestiegen, um nach seinem verlorenen Sohn Ausschau zu halten. Er hob den kleinen Vogel auf und gab ihn seiner Frau, damit diese ihn gesund pflege. Dann steckte der König sich das gestickte Taschentuch in sein Wams, direkt über seinem Herzen und machte sich auf die Suche nach seinem Kind.

Nachdem der Prinz auf diese Weise gerettet wurde, bedankte er sich bei seinem hilfreichen kleinen Freund, indem er ihm den Namen 'Rosenkavalier' gab. Und zum Zeichen dieses hohen Ranges, der damit verbunden war, bekam der kleine Vogel einen karminroten Orden. Den trug er um den Hals, direkt auf seiner kleinen Kehle. Es sah prächtig aus, wenn die Sonne darauf fiel und seine rote kleine Kehle im Licht glänzte. So wurde er unter einem anderen Namen noch bekannter: Rotkehlchen. Und zum Zeichen seiner Dankbarkeit erklärte ihn der König zum Freund der Menschen in Stadt und Land. Die Königin wollte ihn vor allem vor seinem Todfeind, dem kalten Winter, schützen. Sie versprach ihm für alle Zeiten die Hilfe der Menschen. Deshalb fliegt das Rotkehlchen ohne Scheu zu den Häusern der Menschen, wenn der Winter ins Land zieht. Es klopft mit seinem Schnabel an die Fensterscheiben und erinnert sie, daß sie ihn versorgen müssen, damit er bis zum nächsten Frühling überleben kann.

Bis heute ist dies Versprechen nie gebrochen worden. Denn im Laufe der Jahrhunderte wurde diesem kleinen, zarten Vogel immer wieder bewiesen, daß er von den Menschen nichts zu befürchten hat. Er ist, im Gegenteil, eher zum Freund der Menschen, zum Glücksbringer, geworden. Als solcher wird er von ihnen begrüßt, geachtet und beschützt. Zur Freude der Menschen wird das kleine Rotkehlchen immer wieder den kalten weißen Winter überleben und sie im Frühjahr aufs neue mit seinem Gesang erfreuen.

Philipp, das Fohlen.

Philipp springt auf einer grünen Insel fröhlich umher. Das kleine Fohlen frißt Gras, rupft Löwenzahn und probiert auch, wie ihm der Ginster schmeckt. Mit seinen großen Sprüngen verscheucht es alle Lämmer.

Wenn ich doch nur ein kleines Boot hätte, denkt Philipp, das Fohlen. Dann würde ich dort drüben auf die andere Insel fahren, wo der Felsen emporragt, der wie ein Elefant aus Stein aussieht. Ich würde von dort rosa Krabben, grüne Hummer und glänzende Fische mitbringen.

Jetzt ist gerade Ebbe. Das Meer hat sich sehr weit zurückgezogen. Ganz weit. Alle Fischer sind hinausgefahren, um Hummer zu fischen.

Trab, trab, trab. Philipp läuft los, von Felsen zu Felsen und durch das seichte Wasser. Schön, daß das Meer so weit zurückgewichen ist. „Da ist ja meine kleine Insel", schreit Philipp, „na endlich, und wo ist der steinerne Elefant?" Das Fohlen ist so glücklich, daß es gar nicht merkt, wie das Meer allmählich zurückkommt. Die Flut steigt. Es wird Abend. Das dunkelblaue Meer umgibt jetzt die Felseninsel mit einem Schaumkranz. Es dröhnt gegen die Felsufer.

„Das gibt es doch gar nicht", schreit Philipp empört, „das Meer hat den Weg ja unter dem Wasser versteckt!"

Dennoch galoppiert Philipp im Wind am Strand der verlassenen Insel entlang und fühlt sich glücklich und frei.

Die Nacht kommt und der Sternenhimmel scheint unendlich zu sein.

„Oh", sagt Philipp, „ich möchte zwischen den Sternen traben. Das muß fabelhaft sein."

Die hohen, schwarzen Felsen ringsum sehen aus wie wilde Tiere. Aber Philipp hat keine Angst. Er hat überhaupt niemals Angst. Er genießt die Sternennacht auf der verlassenen Insel, nach der er sich schon lange von weitem gesehnt hat. Er denkt nicht daran, daß seine Mutter Angst um ihn haben könnte und ihn überall sucht, im Schilf und zwischen den Felsen.

Aber sein Vater beruhigt sie und sagt: „Dein Fohlen wird morgen bei Ebbe wieder zurück sein. Wahrscheinlich schläft es jetzt."

Und damit hat er recht. Philipp ist eingeschlafen unter dem Schutz der Sterne und des steinernen Elefanten. Wenn morgen das Meer zurückweicht, wird er wieder weggaloppieren, zu der Insel, auf der er zuhause ist.

77

Die japanischen Fische.

Die japanischen Fische Arabella und Bello sind wunderschön mit ihren durchsichtigen Schleierflossen. Sie plätschern im Aquarium umher und möchten gerne ganz woanders sein. Sie möchten es den kleinen Meisen nachmachen, die draußen im Garten umherfliegen. Davon träumen sie. Sie versuchen es schon mal im Wasser, aber sie fürchten sich vor Gustav, dem alten Goldfisch, der ihnen mit grimmiger Miene zuschaut. Die Bogen und Schwünge, die die japanischen Fische im Wasser beschreiben, gehen dem Goldfisch auf die Nerven.

Aber jetzt ist der große Tag gekommen. Sie nehmen einen Anlauf auf dem Grund des Aquariums, schwimmen mit aller Kraft und springen im hohen Bogen aus dem Glasbehälter. Aber sie bewegen ihre Flossen vergeblich in der Luft. Ihr Flug ist nur kurz. Plötzlich ist er zu Ende. Sie stürzen hinab, direkt vor die Glaswand des Aquariums, hinter der der alte Gustav schwimmt und sie auslacht.

Wer wird uns finden und wann? Wir werden ersticken, wenn wir nicht bald ins Wasser kommen, japsen unsere zwei kopflosen Freunde. Es ist gerade die Zeit, in der die kleine Valerie immer ihre Fische zu füttern pflegt. Sie ist sehr erstaunt, Gustav allein vorzufinden. Sie sucht das ganze Aquarium ab, kann aber die Schleierfische nicht finden und fängt an zu weinen. Da vergißt der alte Goldfisch seine Rachsucht. Er nimmt alle Kraft zusammen, denn er ist schließlich nicht mehr der Jüngste. So tut auch er einen großen Sprung aus dem Aquarium heraus, direkt neben die beiden abenteuerlichen Helden.

Das hat Valerie gesehen. Sie verfolgt seinen Sprung mit den Augen. Sie findet dabei die zwei erschöpften Fische und sammelt die beiden, die mehr tot als lebendig sind, auf. Zusammen mit dem Goldfisch läßt sie sie wieder ins Wasser gleiten. Von diesem Augenblick an sind die drei die besten Freunde auf der Welt. Sie genießen ihr Leben im Aquarium, aus dem sie nie mehr hinaus wollen.

Eine glückliche Familie.

Es ist Frühling und im Wald warten Mama und Papa Bär ungeduldig auf die Geburt ihres ersten Kindes.

Tagelang hat Papa Bär ein bequemes Bett für die angehende Mama vorbereitet. Die wiederum hat eine hübsche blaue Babyausstattung gestrickt.

Der so lange erwartete Tag ist gekommen. Das Baby ist geboren. Es ist ein kleiner Junge. Er sieht aus wie eine rot-braune kleine Fellkugel.

„Wir werden ihn Teddy nennen", beschließt Papa Bär sehr zufrieden. Alle Tiere des Waldes kommen herbei, um den glücklichen Eltern zu gratulieren und natürlich auch, um den niedlichen Teddy zu bewundern.

Die Zeit vergeht. Der Sommer kommt, der Wald grünt und blüht und Teddy ist sehr gewachsen. Er ist ein richtig beachtlicher Bär geworden und ziemlich verfressen dazu.

Eines Tages vergißt er alle Ratschläge seiner Mutter. Er hält es nicht mehr aus und

steigt auf einen großen Baum, wo er in einem Hohlraum eine Bienenwabe voll herrlichen Honigs entdeckt hat. Teddy schleckt und schleckt bis sich schließlich die Bienenkönigin und ihre Gefolgschaft wie ein Sturmwind über ihn stürzen. Sie stechen den armen Bären am ganzen Körper.

Teddy muß die Flucht ergreifen. Er läuft schnell zu seiner Mutter, die ihn pflegt und ein wenig mit ihm schimpft.

„Du mußt warten, bis die Bienen ausschwärmen, bevor du ihren guten, goldenen Honig probierst", sagt sie. „Sobald du wieder gesund bist, werde ich es dir zeigen. Du wirst sehen, es ist gar nicht so schwer."

Der Sommer vergeht und der Herbst ist auf einmal da.

Papa Bär muß rechtzeitig eine bequeme Höhle finden, um den Winter darin zu verbringen. Deshalb geht er eines Morgens in aller Frühe los, um eine solche Unterkunft aufzutreiben. Mama Bär gibt ihm einen Proviantkorb mit. Er ist mit vielen guten Sachen gefüllt, denn vielleicht ist Papa Bär lange unterwegs. Es ist gar nicht so einfach.

Einige Tage später kehrt der Bär in den Wald zurück. Nicht weit von hier hat er eine Höhle entdeckt, in welcher sie alle gut überwintern können. Die Familie sammelt ihre Sachen und richtet sich in ihrer neuen Behausung ein.

Bald darauf zieht der Winter ins Land. Die Schneeflocken wirbeln vom grauen Himmel auf die Erde hernieder.

Die drei Bären schließen sorgfältig den Eingang ihrer Höhle. Sie werden jetzt ein paar Monate schlafen.

Schlaft gut. Wenn ihr wieder aufwacht, wird es Frühling sein.

Biribi, das rote Eselchen.

Biribis Fell hat die rote Farbe der Eichhörnchen. Biribi hat eine Freundin, ein kleines Mädchen von sieben Jahren. Es heißt Kathrin.

„Komm, Biribi. Wir wollen ein bißchen fort."

„Na schön – dann steig auf meinen Rücken, Kathrin."

Und so verlassen die beiden Freunde an einem schönen Sommermorgen den Bauernhof, um ans Meer zu gehen. Die Rosen leuchten im grünen Laub und die Weißdornblüten duften wunderbar.

„Guten Morgen, guten Morgen", rufen die Fohlen.

„Gute Reise!" blöken die Kälber und die Eichhörnchen wünschen den beiden einen schönen Tag.

„Ich werde euch hübsche Muscheln mitbringen", verspricht Biribi und trabt weiter auf dem Weg zum Meer, das er noch nie gesehen hat. Wie mag das Meer sein? denkt er. Manchmal bleibt das Eselchen stehen und rupft ein wenig Gras und blühenden Löwenzahn. Das schmeckt ihm.

Die Schmetterlinge flattern um Kathrin herum. Die Libellen mit ihren funkelnden Flügeln suchen die Frische des nahen Baches. Kathrin ist glücklich und

auch Biribi trottet vergnügt dahin.

Endlich kommen Biribi und Kathrin ans Meer. Biribi schaut und sagt: „Das ist aber groß, das Meer."

„Man kann im Wasser laufen. Am Rand ist es gar nicht tief, komm", schlägt Kathrin vor.

Die beiden Freunde spielen und lachen den ganzen Tag in den Wellen. Sie legen sich in den warmen Sand und toben fröhlich umher. Die Dünenschafe kommen herbei und laufen mit ihnen. Biribi und Kathrin sind so glücklich, daß sie Zeit und Stunde vergessen.

Als die Sonne rot am Horizont ins Meer versinkt und das Meer erst rosa, dann hell lila und dunkelblau wird, merken sie erst, daß es jetzt Abend geworden ist.

„Bleibt doch hier", sagen die Lämmer, „unser Stall ist groß."

„Nein danke", antwortet Kathrin. „Wir müssen zurück."

Der Weg ist verlassen. Die Nacht hüllt ihn ein, als unsere beiden Freunde durch die

schlafenden Wiesen zurückkehren. Die Sterne schimmern golden. Millionen Diamanten glitzern in der Tiefe des Nachthimmels.

„Wie schön", sagt Biribi und bleibt stehen, um die Sterne zu bewundern. Biribi und Kathrin kommen immer langsamer voran. Warum? Vielleicht sind sie müde, weil die Sonne untergegangen ist? Vielleicht haben sie Angst, daß sie gescholten werden? Vielleicht auch, weil niemand ihre Freude verstehen wird?

Aber Kathrin wird wohl nicht mehr zusammen mit Biribi so fröhlich sein wie heute. Nie mehr will man Biribi, das rote Eselchen, und Kathrin, das kleine Mädchen, alleine ans Meer lassen. Biribi bekommt zur Strafe, daß er fortgelaufen ist, Schläge. Traurig steht er im Stall, läßt die Ohren hängen und denkt an seine Freundin Kathrin.

Im Nachbarhaus geht man auf Zehenspitzen. Pscht!

Kathrin ist krank. Sie hat Fieber, weil sie zu lange in der Sonnenhitze gewesen ist. Immer wieder sagt sie:

„Mein Freund, ich will meinen Freund Biribi."

Der Arzt sagt: „Man darf ihr nicht widersprechen, sie darf auf keinen Fall weinen."

So macht sich Kathrins Papa verzweifelt auf den Weg zum Bauernhof.

„Kann ich bitte mit dem Bauern sprechen?"

Als Kathrin aus ihren Fieberträumen erwacht, was sieht sie da? Biribi liegt vor ihrem Bett auf dem Teppich und leckt ihre Hand.

„Ich verlasse dich nie mehr, Kathrin. Werde nur schnell gesund", sagt er.

„Biribi gehört jetzt dir", sagt der Papa. „Ich habe ihn dem Bauern abgekauft."

„Oh Papa, du hast mir die allergrößte Freude auf der Welt gemacht!" ruft Kathrin und umarmt ihr rotes Eselchen.

Der kleine Hund, der niemand gehörte.

Heute ist Weihnachtsabend. Karamel, der kleine Hund mit dem honigfarbenen Fell, trottet über den Bürgersteig. Er fühlt sich sehr verlassen und langweilt sich.

Die Leute laufen vorbei. Sie haben noch die letzten Geschenke eingekauft und denken schon an die Bescherung. Keiner kümmert sich um Karamel, den kleinen Hund, der zu niemand gehört.

In dem gemütlich geheizten Haus hat man den großen Weihnachtsbaum soeben angezündet. Die Kinder singen:

„Heut ist Weihnachtsabend…"

Karamel schaut durch das Fenster. Er friert ganz schrecklich. Das Herz ist ihm kalt, weil man ihn vergessen hat. Na, denkt er plötzlich, wer läuft denn da durch die dunkle Nacht?

Ein Schatten beugt sich über ihn, eine Hand streichelt ihn.

„Wer bist du?" fragt eine Stimme.

„Ich bin ein kleiner Hund, der niemand gehört."

Der kleine Straßenjunge betrachtet Karamel. Der Hund schaut zu ihm auf und leckt ihm die Hand. Der Junge hat schwarze Augen. Sie sehen einander in die Augen.

„Willst du mein Freund sein?" fragt der kleine Gassenbub.

„Ja, gerne", erwidert Karamel.

Dann gehen sie beide davon. Karamel und sein neuer Freund marschieren lange Zeit durch die dunkle Nacht. Die Gegend, durch die sie kommen, ist verlassen und öde. Der Wind pfeift darüber hinweg. Schließlich finden sie aber doch ein bißchen Wärme, als sie in dem alten Wohnwagen ankommen. Sie drängen sich dicht an den alten Ofen.

„Wir werden meine Milch miteinander teilen", sagt der Junge. Eng umschlungen schlafen sie auf einem Haufen alter Lumpen ein. Seit diesem Tag fühlen sich der kleine Hund und der Gassenjunge nicht mehr verlassen. Sie sind glücklich zusammen. Im Frühling springen sie miteinander durch die blühenden Wiesen, im Sommer laufen sie am Feldrain durch das Korn. Und im Winter schlittern sie auf dem Eis zusammen. Aber besonders am Weihnachtsabend sind sie glücklich, daß sie so gute Freunde sind.

Das Freundschaftshäuschen.

Ganz oben im Wipfel der großen Eiche erwacht das Eichhörnchen Geli in seinem Nest und sagt:

„Der Frühling kommt bald. Ich möchte aber jetzt schon hören, wie der Wald singt."

„Ich auch", meint Pik-Pok, der Igel.

„Weißt du was", schlägt Geli vor, „laß uns doch ein Freundschaftshäuschen bauen für die Vögel, die sonst im Winter erfrieren." Geli und Pik-Pok arbeiten, ohne aufzuhören. Sie bauen ein hübsches kleines Haus aus Rundholz mit einem großen Schornstein. Sie machen Nester aus geflochtenen Zweigen, Flaumfedern, Moos, ein wenig Wolle. Sie arbeiten mit viel Liebe.

Der Siebenschläfer und das Wiesel, der Hase und die Waldmaus wollen auch helfen.

Die Vögel rufen sich von morgens bis abends heiser vor Verwunderung. Mit Vergnügen betrachten Geli und Pik-Pok das fertige Freundschaftshäuschen. Darüber ist es Herbst geworden. Und schon bei den ersten

Winterstürmen treffen die Vögel ein: Die Goldammer und das Rotkehlchen, die Blaumeisen und die Gimpel, die Lerchen und die Bachstelzen, die Turteltauben, die Grasmücken und die Buchfinken.

Geli und Pik-Pok wandern über die verlassenen Wege und entdecken im eisigen Schnee Vögel, die vor Kälte erstarrt sind. Sie bringen sie in das Häuschen, wärmen sie in der Nähe des Feuers, rubbeln sie ab, wenn sie durchnäßt sind und legen sie dann in die weichen Nester. In der Wärme werden die Vögel schnell wieder gesund. Sie singen vor Freude, daß es ihnen wieder gut geht und bedanken sich. Es ist als sänge der ganze Wald in dem kleinen Haus: mitten im Winter ist es Frühling und Sommer.

Eines Abends fegt der Sturm über den Wald dahin. „Ich schaue mal auf den Wegen nach", sagt Geli, das Eichhörnchen.

„Nein", sagt Pik-Pok. „Du bist müde. Ruh dich aus. Ich werde gehen."

„Nein", widerspricht das Eichhörnchen. „Du kannst ja schon mal Holzscheite ins Feuer legen."

Warum kommt Geli nicht wieder? Wo kann man ihn finden? Der Schnee hat seine Spuren verweht.

Todmüde läuft Geli immer langsamer über die Wege. Er zittert vor Kälte und fällt schließlich in den hohen Schnee.

„Was ist denn da los?" fragt die alte Eule in der Mühle. Sie sitzt in der Dachluke und schaut in die Nacht hinaus. „Ob ich mal nachschaue?" Auf dem vereisten Schnee entdeckt sie Geli, der am Ende seiner Kräfte ist. Sie beugt sich über ihn und schüttelt ihn, aber er bewegt sich nicht mehr. Die Eule ruft: „Kommt, Kinder, helft mir!" Die jungen Eulen nehmen das Eichhörnchen auf ihre weichen Flügel und bringen das halberfrorene Tierchen in die staubige Mühle. Dort frottieren sie sein vereistes Fell trocken. Bald darauf öffnet das Eichhörnchen die Augen. „O, ich danke euch", sagt es,

„ich fühle mich jetzt schon viel besser. Jetzt kann ich allein zurücklaufen."

„Ich werde dich lieber begleiten", meint die Eule.

Geli kehrt zusammen mit der Eule nachhause zurück und stellt fest, daß alle Vögel ausgeflogen sind, um es zu suchen.

„Na endlich", sagen sie erleichtert, als sie von ihrer Suche zurückkommen. „Wir hatten solche Angst um dich!"

„Wo ist Pik-Pok?" fragt das Eichhörnchen.

„Trotz des Sturmes sucht er dich draußen auf den verschneiten Wegen."

Endlich kehrt Pik-Pok zurück, eine Haube von Schnee auf seinem stacheligen Rücken.

„O, mein Freund", ruft er, „wie bin ich glücklich, dich zu sehen!"

Geli wärmt sich die Pfötchen am Ofen und sagt zur Eule, die ihn begleitet hat: „Bei diesem Wetter solltest du jetzt lieber hierbleiben und nicht zurückfliegen."

„Wir werden dich unterhalten", sagen die Vögel, „und die ganze Nacht Frühlingslieder singen."

Es geht so fröhlich zu bei diesem Konzert im Freundschaftshäuschen, daß die Sterne einen Augenblick stehen bleiben, um besser zuhören zu können.

Herr Julius, der Hahn.

Julius, der Hahn, ist ein besonders stolzer Gockel. Er streckt die Brust heraus und plustert sich auf. Herr Julius wird Vater, Vater von Dutzenden kleiner niedlicher Küken. Alle Hühner des Hühnerstalls brüten bereits. Alle Nester sind voller Eier, und Julius platzt fast vor Stolz. Ohne Zweifel wird die Bäuerin sich freuen. Sie wird ihm gewiß noch ein paar zusätzliche Leckereien geben. Er sieht sich schon über eine Menge junger Hühner herrschen, die ihrerseits wieder Eier legen. Diese unzählige Kükenschar wird heranwachsen und der Bauer wird reich dabei werden. Er wird sie alle auf dem Wochenmarkt verkaufen. Was für fabelhafte Zukunftsaussichten!

Julius kann es gar nicht erwarten, seinen Freunden zu erzählen, was er alles hat und kann. Er läuft vor den anderen Hähnen hin und her. Ihm wird ganz heiß dabei. Er fängt an zu übertreiben und noch ein paar Kleinigkeiten zu erfinden, die überhaupt nicht stimmen. Die Hähne hören ihm erstaunt zu. Sie sind ein bißchen neidisch über so viel Glück. Herrn Julius schwillt der Kamm, den er oben auf dem Kopf trägt, der wird ganz rot, Julius zittert vor lauter Aufregung, seine Augen glänzen und wieder plustert er sich auf. Er hat wirklich ein sehr stolzes Auftreten, dieser Hahn!

Bald gibt es in der ganzen Umgegend keinen Hühnerstall, der Julius' fabelhafte Geschichten nicht kennt. Allmählich mögen sie schon gar nicht mehr hinhören.

Heute morgen ist der ganze Hühnerhof aufgeregt: Verängstigtes Gackern und schrilles Piepsen wächst zu einem ohrenbetäubenden Krach. Der Augenblick ist gekommen, in dem die Küken aus ihrer Eischale herausschlüpfen. Aber Herr Julius wartet lieber, bis alles vorbei ist. Dann will er stolz zwischen die Hennen treten, die die schlafenden

Kleinen mit ihren schützenden Flügeln zudecken. Nach einigen Minuten des Wartens glättet er noch einmal sein Federkleid, richtet die Sporen auf und schreitet mit stolzer Miene in den Stall, wo die Nester untergebracht sind.

Wie entsetzlich, wie furchtbar! Julius erblickt seine Nachkommenschaft! Und diese blöden Hennen scheinen überhaupt nichts zu bemerken!

Einige kleine, goldgelbe Federbällchen erkennt er zwar als seine Kinder. Aber dazwischen befinden sich scheußliche graue, kleine Vögel mit flachen Schnäbeln und Schwimmfüßen. Andere haben krumme Beine und piepsen so schrill, wie sonst kein Küken piepst. Die Bäuerin hat den Hühnern Eier von Enten, Puten und Perlhühnern untergeschoben, damit sie sie ausbrüten. Das kann Julius nicht verstehen. Er flüchtet sich beschämt in den letzten Winkel des Gartens. Seine Freunde lachen hinter ihm her und verspotten ihn. Sie freuen sich, daß ihm eine Lehre erteilt wurde.

Nora und das Füchslein.

Reineke, der kleine Fuchs, lebt im Walde, und Nora, ein schwarzes Hühnchen mit einem freundlichen sanften Wesen, in dem Bauernhof am Waldrand. Sie werden einander noch begegnen.

Eines Morgens sagt Reinekes Mama: „Such dir selbst dein Futter und probiere mal aus, wie gut Hühner schmecken."

Das ist nicht leicht für Reineke. Denn die Hühner sind gut bewacht. Nora paßt auf sie alle auf.

Nach einem vergeblichen Versuch schleicht sich der kleine Fuchs beschämt davon. In der nächsten Nacht versucht er es wieder.

Leider merken die Hühner wieder etwas. Sie gackern und schreien und verteidigen sich. Reineke bleibt hungrig. Sein Hunger wird immer stärker. Aber Nora weiß Rat für ihn. Sie lehrt ihn, Eier zu essen und sich zu ernähren ohne andere Tiere zu töten.

„Eierkuchen ist lecker", sagt Reineke und leckt sich die Schnauze. „Wir wollen ihn miteinander teilen."

Reineke ist zufrieden und Nora, das Hühnchen, gackert vor Freude. Jetzt sind die beiden gute Freunde geworden.

Karoline, die Ente.

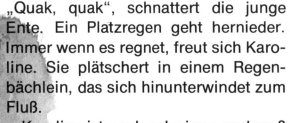

„Quak, quak", schnattert die junge Ente. Ein Platzregen geht hernieder. Immer wenn es regnet, freut sich Karoline. Sie plätschert in einem Regenbächlein, das sich hinunterwindet zum Fluß.

Karoline ist noch sehr jung und muß noch viel lernen. Aber jetzt weiß sie, ist der Augenblick gekommen, um schwimmen zu lernen. Sie folgt dem kleinen Bächlein, das ganz schnell quer durch den Garten fließt.

In diesem Moment hört sie eine Stimme: „Wohin willst du, Karoline?" Die kleine Ente erkennt die Stimme von Barbara, der großen goldenen Hummel.

„So ein Leichtsinn", summt Vera, die Wespe, die gerade dabei ist, Regenwasser zu sammeln.

Aber Karoline hat nur einen Gedanken im Kopf: Ein Bad im Fluß zu nehmen. Sie sieht und hört nichts, sondern strebt nur vorwärts.

„Geh' lieber zum Bauernhof zurück!" schreit ihr das Kaninchen zu, das auf dem Weg zu seinem Bau ist.

„Unvorsichtiges Entlein", grunzt Puff, das Ferkel. Seine Schnauze ist ganz feucht, weil es im Schlamm gewühlt hat.

In der Nähe des Flusses begegnet Karoline dem Biber Theo, der dabei ist, seinen Biberdamm zu reparieren.

„Wo willst du denn hin?" fragt er.

„Im Fluß baden."

Und platsch! springt Karoline ins Wasser. Sie schlägt mit den kleinen Flügeln wie eine alte, erfahrene Ente, aber da passiert auch schon das Unglück: Ein abgebrochener Zweig treibt mit der Strömung geradewegs auf sie zu, in der Richtung auf die Mühle mit dem großen Mühlrad.

Theo sieht die Gefahr. Er wirft sich ins Wasser. Er holt die kleine Ente ein und schiebt sie mit seiner Nase ans Ufer. Uff – gerettet! Karoline reißt vor Erleichterung die Augen auf. „Vielen, vielen Dank!" sagt sie.

Vladimir mit dem großen Appetit.

„So eine Verschwendung", sagt Vladimir, der Igel. Er hat auf der ersten Treppenstufe, die zum Haus führt, etwas Leckeres entdeckt. Jemand hat es weggeworfen. Er trippelt näher. Die Stacheln hat er zurückgelegt. Seine spitze Nase schnüffelt. Er atmet die warme Sommerluft ein. Ein wunderbarer Geruch steigt ihm in die Nasenlöcher. Er freut sich über die Nachlässigkeit seiner kleinen Freundin. Sie hat die Angewohnheit, Süßigkeiten wegzuwerfen, worüber sich Vladimir immer wieder freut.

Ist es diesmal nicht Eis am Stiel?

Tatsächlich – es ist ein Eis. Vladimir hat Eis schon mal gekostet. Es war rosa, orange und schokoladenbraun. Aber dies hier ist grün, ein schönes helles Grün. Vladimir schnuppert begeistert und betrachtet die komische Farbe. Er überlegt eine Weile, bevor er das Eis am Stiel packt und wegschleppt. Er zieht es langsam hinter sich her durch den Garten, mitten durch den warmen Sonnenschein. Sicher kommt die sonderbare grüne Farbe daher, daß es noch nicht reif ist. Vermutlich hat das kleine Mädchen das Eis in der Sonne liegen lassen, damit es schön reif wird. Nun, man wird ein wenig warten müssen. Der kleine Igel legt das Eis in die pralle Sonne und geht weg. Aber allmählich wird er ungeduldig und er will einmal nachschauen, ob das Eis nun reif ist. Aber das Eis ist immer noch grün. Da beschließt Vladimir, ein wenig seine Freunde zu besuchen und zu warten, bis das Eis eine rosige Farbe bekommt. Die warmen Sonnenstrahlen werden das schon schaffen. Während er sich auf den Weg zu den Freunden macht, freut er sich schon im voraus und leckt sich das Schnäuzchen. Er hat einen ungeheuren Appetit und seine Augen glänzen, wenn er denkt, wie das Eis in der Zwischenzeit schön reif werden

95

wird. Alle Tiere auf dem Bauernhof kommen herbei, weil sie von Vladimirs Fund gehört haben. Sie beneiden ihn, denn solche Süßigkeit haben sie noch nie gesehen oder gegessen. Zwar schmeckt ihnen die tägliche Portion Korn sehr gut. Aber eine kleine Extra-Mahlzeit wäre gar nicht so schlecht. Der gutmütige Vladimir lädt seine Freunde ein, die Mahlzeit mit ihm zu teilen.

„Kommt alle her, ihr werdet sehen, so etwas Leckeres habt ihr noch nie gegessen!"

Alle Hühner setzen sich in Bewegung und freuen sich schon auf das gute Essen. Vladimir läuft voraus.

Aber welches Entsetzen! Sie bleiben plötzlich stehen und sehen verwundert auf ein kleines Stückchen leeren Holzes.

Vladimir ist tiefbetrübt. Er erkennt, daß das Eis in der Sonne geschmolzen ist.

Nun kehren sie alle enttäuscht um. Der kleine Igel aber schwört sich, daß er in Zukunft alles gleich auffressen wird, was er findet, ohne erst lange zu warten.

Flick und Flock und die Glücksrose.

Flick und Flock, die kleinen Hunde mit dem langhaarigen, grauen Fell, schauen zum Fenster hinaus in den Garten.

„Schau mal", ruft Flick, „der Garten ist ganz mit Puderzucker bestäubt."

„Und lauter weiße Federn fallen vom Himmel", sagt Flock erstaunt.

„Puderzucker und Federn passen überhaupt nicht zusammen", stellt Flick fest. Dann laufen sie hinaus in den Garten, um nachzuschauen.

„Du, die weißen Federn sind aber kalt für unsere Pfoten", sagt Flock.

„Wir brauchen dringend warme Schuhe", meint Flick.

„Na gut, dann gehen wir jetzt los und kaufen uns Schuhe für Hunde", schlägt Flock vor und Flick ist einverstanden.

Die beiden kleinen Hunde mit dem langhaarigen Fell machen sich fertig zum Ausgehen. Flick knöpft seinen Mantel aus rotem Wollstoff zu. Flock hat den gleichen Mantel in Blau. Tief in ihre Manteltaschen stecken sie ihre Ersparnisse.

Sie laufen hinaus in den kalten Schnee. Sie gehen zum Fahrkartenschalter. „Zwei Rückfahrkarten nach Paris", sagen sie.

„Hopp!" Und schon sind sie im Vorortzug. Kurz darauf hüpfen sie in Paris wieder heraus. Sie laufen, bis sie in einem schönen Stadtviertel endlich einen Hunde-Salon finden. Dort gehen sie hinein. Man erkennt sie sofort.

„Was wünscht ihr, Flick und Flock?"

„Zuerst mal ein Bad", sagen beide wie aus einem Mund.

„Bitte, dann springt doch gleich hinein."

Hopp – mit einem Satz liegt Flick in einer rosa Badewanne mit rosa Schaum und Flock in einer blauen Badewanne mit blauem Schaum. Anschließend lassen sie sich abtrocknen. Wie schön warm das ist! Frottiert, trocken und geglättet, setzen sich die kleinen Hunde in die Stühle des Hundefriseurs.

„Wie hättet ihr's denn gerne?" fragt der Hundefriseur.

„Ich möchte meine Ponyfransen gekräuselt haben", sagt Flick und lächelt in den Spiegel.

„Und du?" fragt der Friseur das zweite Hündchen.

„Ich möchte meine Ponyfransen ein bißchen geschnitten haben", erwidert Flock, „sie hängen mir schon in die Augen."

„Etwas Parfüm?" fragt der Friseur, „zum Kopfeinreiben? Welches Parfüm habt ihr am liebsten? Lavendel? Flieder? Jasmin oder Maiglöckchen?"

„Für mich bitte eine Mischung von allen vier Parfümsorten", sagt Flick.

„Und ich", verlangt Flock, „möchte auf jede Pfote ein anderes Parfüm."

Hinterher gehen die zwei kleinen Hunde, schön parfümiert, in den Laden. Sie bewundern die Vitrinen mit den goldenen Halsbändern und die mit Hasenfell gefütterten Mäntel-

chen. Dann gehen sie dahin, wo es die Après-Ski-Schuhe gibt. Am liebsten hätten sie alles was sie sehen. Aber sie bleiben vernünftig.

„Heute kaufen wir erst einmal Après-Ski-Schuhe", sagen sie.

„Die werden zur Zeit häufig verlangt", sagt der Händler. Flick und Flock ziehen mit Wonne die schönen gefütterten Schuhe an. Flick bindet sorgfältig seine langen, roten Schnürsenkel zu. Flock macht eine schöne Schleife in seine langen, blauen Schnürsenkel. Vor dem Spiegel bleiben sie stehen und bewundern die neuen Schuhe.

„Wir sehen bezaubernd aus", meint Flick.

„Unser liebes Frauchen wird die Rechnung bezahlen", erklärt Flock.

„Das eilt gar nicht", versichert der Verkäufer und öffnet ihnen die Tür. Flick und Flock treten hinaus und sehen die Spur der runden kleinen Schuhsohlen – acht Stück. Die Schuhe sind so mollig. Die Hündchen sind sehr zufrieden. Aber jetzt fehlt ihnen noch etwas. Sie betreten ein anderes Geschäft.

„Was wünschen Sie?" fragt die Verkäuferin.

„Wir möchten gerne Glücksrosen", sagen sie.

„Glücksrosen?" Die Verkäuferin ist sehr erstaunt, „Glücksrosen gibt es nicht."

Flick und Flock schauen sich traurig um. In den Krügen stehen wunderbare Blumen in leuchtenden Farben.

„Möchten Sie vielleicht weiße Christrosen?" fragt die Verkäuferin.

„Christrosen?" fragen die kleinen Hunde und kratzen sich nachdenklich die Nase, „Rosen die im Winter wachsen? Unsere kleine Herrin kennt den Winter nicht."

„Mit Christrosen wird sie den Winter kennenlernen", meint die Verkäuferin. „Schauen Sie mal, wie schön sie sind. Sie haben hübsche Blätter, so grün wie Frühlingsblumen. Ihre Blüten sind ganz hellrosa wie der Morgenhimmel im Sommer. Sie sind so leuchtend und frisch wie die Blumen im Herbst."

„Machen diese Rosen glücklich? Wir möchten Glücksrosen für unser liebes Frauchen, weil wir sie so liebhaben."

„Alles, was mit Freuden geschenkt wird, macht auch glücklich", erklärt die Verkäuferin.

Zufrieden, mit warmen Pfoten, besteigen die kleinen Hunde den Vorortzug nachhause. Ihre kleinen Herzen sind fröhlich, weil sie ihrem Frauchen Glücksrosen mitbringen.

Als sie vom Bahnhof nachhause gehen, bleiben Flick und Flock manchmal stehen, um auf die Spuren zurückzusehen, die ihre neuen Schuhe hinterlassen. Aber da es immer weiter und weiter schneit, geraten die kleinen Hunde immer tiefer in den Schnee. Das ist nicht mehr so lustig. Sie sind ein wenig unruhig. Hoffentlich erfrieren ihre schönen Blumen nicht in der Kälte. Endlich sind sie wieder bei ihrem Garten angelangt. Der sieht jetzt ganz anders aus. Unter den Strahlen der Sonne funkelt er wie tausend Diamanten. Es glitzert auf allen Zweigen. Fröhlich springen die beiden Hündchen auf ihre liebe Herrin zu und schenken ihr die Glücksrosen.

Sie lächelt vor Freude und nimmt Flick und Flock zärtlich in den Arm.

Leo, der kleine Löwe.

Der Abend dämmert. Die untergehende Sonne färbt den Himmel rosa.
Die tropische Nacht bricht plötzlich herein. Sie taucht die Steppe in
Dunkelheit. Alle Tiere sind satt und kommen gemeinsam zur Tränke,
Jäger und Gejagte, friedlich nebeneinander.

Leonie, die Löwin, führt Leo, ihren kleinen Sohn, zum ersten Mal
zur Tränke. Aber der bleibt ganz allmählich zurück. Er achtet nicht
auf die besorgten Worte seiner Mutter. Diese ist aber so durstig, daß
sie ganz schnell zum Fluß läuft und gierig das Wasser schlabbert.
Dabei vergißt sie ganz, auf ihren kleinen, ungezogenen Jungen auf-
zupassen.

Der Fluß führt nicht viel Wasser. Er ist seicht. Leo springt auf die Sandbänke, die aus dem niedrigen Wasser hervorragen. Von dort macht er einen Satz auf große, glatte Steine. Der eine, auf dem er steht, entfernt sich ganz unmerklich vom Ufer, sehr zum Schrecken unseres kleinen Abenteurers.

Barbi, die Nilpferddame, hat gerade ihren Nachmittagsschlaf beendet und will jetzt wieder an Land. Aber vorher will sie noch ein kleines Erfrischungsbad nehmen. Sie wälzt sich mit Vergnügen in dem seichten, lauen Wasser und taucht. Der verzweifelte Leo muß nun selbst ins Wasser springen, um nicht von dem riesigen Nilpferd erdrückt zu werden. Er kann nicht schwimmen und schlägt mit allen vier Pfoten um sich. Er wimmert vor Angst, bevor er merkt, daß er ja stehen kann. So niedrig ist das Wasser. Da schämt sich Leo sehr. Aber die Angst, die er ausgestanden hat, war so groß, daß er jetzt zu weinen anfängt.

„Ach, du bist es, du Winzling", sagt Barbi ärgerlich. „Hast du gedacht, mein Rücken ist ein Floß? Deine Krallen haben mich ganz zerkratzt und von deinem Geheul tun mir die Ohren weh. Na komm, nun hör schon auf zu weinen. Wenn ich auch ein bißchen laut bin, aber richtig böse bin ich nicht. Nun komm schon, ich bringe dich zu deiner Mutter zurück. Die ist bestimmt schon unruhig." So macht sich unser kleiner Löwe auf den Rückweg. Diesmal steht er ganz stolz auf dem Rücken seines neuen Freundes. Er hat sein Abenteuer und seine Angst schon vergessen. Er freut sich, daß er heil und wieder zu seiner Mami zurückkommt.

Grilli in Kanada.

Mitten in der heißen Sonne singt Grilli. Ihre Stimme ist ein wenig schrill. Es ist ihr furchtbar heiß und sie hüpft von ihrem Baum herunter, um sich am großen, runden Brunnen zu erfrischen. Es ist Mittagszeit, und alles im Dorf hält Mittagsschlaf. Alle Fensterläden sind geschlossen. Die Menschen sind müde von der Hitze. Aber im Laden des kleinen Dorfes sind ein paar Leute wach. Einer von den Männern erzählt von einem wunderbaren Land: Kanada.

Da muß es ja schön sein, denkt Grilli begeistert. Ich will jetzt sofort nach Kanada. Sie fragt auch gleich ihre Freundin Gerti um Rat.

„Dort wird es dir bestimmt zu kalt sein. Du wirst das Wetter wahrscheinlich nicht vertragen", sagt Gerti. Sie ist nämlich sehr vernünftig. Aber Grilli ist dickköpfig, und da sie nun einmal wegfahren will, wird sie diese Reise auch machen. Das sagt sie ihrer Freundin auch.

Gerti gibt es auf, ihr gute Ratschläge zu erteilen. Sie gibt ihr einen Wollschal mit und gefütterte Hausschuhe. „Die wirst du sicher brauchen", sagt sie freundlich.

Grilli bedankt sich bei ihrer Freundin und fliegt zum Flughafen, wo sie bei der Gepäckaufbewahrung den Koffer eines Holzfällers entdeckt. Na, so ein Glück, denkt die kleine Grilli, und schlüpft sofort hinein.

Und jetzt beginnt für Grilli das große Abenteuer.

Im Flugzeug kriegt Grilli erst einmal die Luftkrankheit. Aber sie redet sich gut zu. Bald wird sie ja die wunderschönen kanadischen Wälder sehen.

Dieser Gedanke hilft ihr, den Flug zu überstehen.

Schließlich öffnet sich der Koffer des Holzfällers. Grilli fliegt heraus und macht sich auf den Flug in den Wald.

103

Das erste Tier, das ihr begegnet, ist ein sehr hübsches Eichhörnchen, das an einer Eichel knabbert.

Was ist denn das für ein merkwürdiges Tier, denkt das Eichhörnchen und läßt vor lauter Verwunderung die Eichel fallen. Es läuft zu seinen Freunden, den Bibern, die eine Talsperre bauen. Die Nachricht von der Ankunft des fremden Tieres verbreitet sich schnell.

Schon nach etwa einer Stunde beantwortet Grilli vergnügt alle Fragen, die ihr die verschiedenen Tiere stellen. Die Reise nach Kanada scheint ein voller Erfolg zu sein.

Am Abend zieht Grilli ihren Schal um ihre Schultern, aber sie friert trotzdem. An den folgenden Tagen hat sie viel Spaß und entdeckt so langsam den Wald. Aber bei den ersten Herbststürmen bekommt Grilli eine schlimme Erkältung und muß mit Fieber ins Bett.

Titi, die Zwergeule, pflegt sie aufopfernd.

Die kranke Grilli phantasiert und verlangt laut nach mehr Wärme.

Die Biber haben großes Mitleid mit Grilli. Sie bauen ein kleines Floß und bitten drei Waschbären, ihnen den Weg zum Hafen zu zeigen. Da ankert gerade ein großer Passagierdampfer. Dort schiffen sie Grilli ein, damit sie wieder nachhause kommt. Sie verspricht, im nächsten Sommer, wenn sie wieder ganz gesund ist, nach Kanada zurückzukommen, denn Kanada ist wirklich schön. Die Tiere haben sich an Grilli schon sehr gewöhnt und sind ganz traurig, daß sie wieder wegfährt. „Wenn du das nächste Mal kommst, werden wir dir warme Kleider und Schuhe und eine dicke Mütze besorgen", versprechen sie.

Grilli geht an Bord und winkt von dort ihren Freunden zu.

Wenn sie wieder zuhause ist, wird sie viel zu erzählen haben.

Blanka, das Zickelchen.

Ganz früh am Morgen führt die Bäuerin ihre Ziegen auf die Weide. Blanka ist die Hübscheste unter ihnen und die Jüngste. Aber sie ist auch neugierig und sehr eitel.

Blanka hat bemerkt, daß die beiden Töchter der Bäuerin, Hermine und Anni, jeden Sonnabend in die Nachbarstadt fahren. Dann kommen sie immer zurück und haben etwas Neues anzuziehen: Schicke Hüte und elegante Kleider und allerlei modische Dinge, Schmuck, Taschen und flotte Schuhe. Darin sehen die beiden Mädchen sehr hübsch aus.

Das kleine Zickelchen ist noch nie vom Bauernhof weggekommen. Aber sie möchte auch gerne einmal in die Stadt fahren, um sich dort Kleider und schöne Sachen zum Anziehen zu kaufen. Sie möchte auch einmal nach der letzten Mode angezogen sein.

Wenn ich in die Stadt käme, würde ich genauso schöne Sachen einkaufen wie Hermine und Anni, und ich wäre die Schönste auf dem Bauernhof. Man würde mich bewundern und mir Komplimente machen, denkt Blanka.

Kurz und gut – eines schönen Morgens, als die anderen Ziegen auf der Weide grasten und gar nicht auf sie achteten,

106

läuft Blanka schnell davon, in die benachbarte Stadt.

Das ist eine Pracht – und erst die schönen Sachen, die in den Schaufenstern der großen Läden ausgestellt waren!

Aber als Blanka sich von ihrem Staunen erholt hat, trifft sie schnell ihre Wahl. Sie sieht, daß in einem Geschäft, das eleganter ist als alle anderen, die Eingangstür offengeblieben ist. Leise und unbemerkt läuft sie hinein, trippelt ganz leise hindurch und zieht mit ihrem Maul alles aus den Regalen, was ihr gefällt: Einen Hut mit Blumen, eine Federboa, eine Spitzenpelerine. Dann läuft sie ganz schnell wieder davon. In einem Wäldchen am Rande der Stadt versteckt sich Blanka und zieht die schönen Sachen, die sie gestohlen hat, an. Sie beschaut sich im Wasser eines Tümpels und findet sich fabelhaft. Ganz eingebildet stolziert sie herum, dann schaut sie wieder in den Wasserspiegel und lächelt sich selbst an. Sie ist ganz glücklich. Nach Stunden kommt sie triumphierend zum Bauernhof zurück. Dort haben die anderen Tiere sich schon um sie gesorgt. Aber als sie endlich auf den Hof gelaufen kommt, müssen Hermine und Anni sich ein Lachen verkneifen, und die Knechte machen sich über die kleine Ziege lustig. Sie schneiden spöttische Grimassen hinter ihrem Rücken. Die anderen Ziegen wissen nicht recht, was sie sagen sollen. Sie sagen deshalb gar nichts. Arma Blanka, das ist eine Enttäuschung!

Nach einiger Zeit kommt die Bäuerin. Sie ist sehr böse und nimmt Blanka Hut, Federboa und Pelerine wieder ab. „Morgen werde ich das alles in den Laden, dort in der Stadt, zurückbringen", sagt sie. „Weißt du auch, daß es sehr böse ist, etwas zu stehlen?" fährt sie fort, „und weißt du denn nicht, daß diese Sachen zum Anziehen dir gar nicht stehen? Sie machen dich nicht schöner, im Gegenteil. Denk einmal darüber nach!" Zur Strafe sperrt die Bäuerin die kleine Blanka in den Eselsstall. Der Esel Martin ist sehr vernünftig und sehr weise.

„Es ist eine ganz dumme Idee, wenn du alles den Menschen nachmachen willst", sagt er, „du bist auch ohne das eine schöne Ziege", sagt Martin vorwurfsvoll und in ernstem Ton.

Ignaz' Rüssel

Ignaz ist ein hübscher Elefant mit fröhlichen Augen in einem sehr freundlichen Gesicht. Leider ist sein Rüssel etwas zu kurz geraten, und unser kleiner Freund leidet sehr darunter. Deshalb bleibt er lieber allein, etwas weiter weg von der Herde. Er möchte nicht von den anderen Elefanten verspottet werden. Seine besten Freunde sind die Vögel. Sie pfeifen ihm fröhlich zu, wenn er vorbeigeht: „Ignaz, hallo, Ignaz!"

Eines Tages kommt er zu dem Nest seines kleinen Freundes Perli. Da hört er wie jemand weint. Er sieht sofort nach, wer das sein könnte. Da sitzt die Vogelmutter und erzählt ihm unter Tränen: „Unser Jüngster ist in den Fluß gefallen. Keiner kann ihn herausholen." Ignaz rennt sofort zum Fluß. Der kleine Vogel schlägt mit den Flügeln, um sich über Wasser zu halten. Wenn ihn nicht jemand herausholt, wird er gleich ertrinken. Der Elefant beugt den Kopf und ruft: „Faß meinen Rüssel, Baby!" Mit letzter Kraft hüpft der kleine Vogel auf den Elefantenrüssel und Ignaz bringt ihn jetzt im Triumph zurück zum Familiennest.

Von dem Tag an schämt sich Ignaz nicht mehr wegen seines kurzen Rüssels. Er war lang genug, um den kleinen Vogel vom Ertrinken zu bewahren. Deshalb ist Ignaz' Rüssel sogar berühmt geworden.

Federchen und der Wolf.

Es ist sehr kalt. Der Wind bläst mit aller Kraft draußen im Wald und über die weiten Felder.

Die Vögel frieren und plustern ihre Federn auf. Die halb erstarrten Tiere suchen Schutz vor der Kälte. Sie bleiben im Bau oder in ihren Nestern.

Federchen, die eigentlich mit richtigem Namen Feodora heißt, sitzt in dem Haus am Waldrand vor dem Kamin. Sie singt und ist guter Dinge, denn ihr ist es warm.

Jetzt bereitet sie das Abendessen vor. Es riecht lecker.

Nicht weit von dem Haus entfernt schleicht ein junger Wolf hungrig und zitternd umher. Er hat schon seit mehreren Tagen nichts mehr zu fressen bekommen. Erst leise und dann lauter heult er vor der Tür des warmen Hauses.

Ein Wolf, denkt sich das Mädchen und hört sofort auf, zu singen. Sie hat ein wenig Angst. Was soll sie jetzt tun? Ihre Eltern sind nicht zuhause.

„Hu, hu!" heult der Wolf.

Es klingt, als ob er sehr unglücklich wäre, denkt das kleine Mädchen. Vielleicht ist er nicht so böse?

Sie öffnet die Tür einen Spalt. Ein Windstoß reißt die Tür ganz auf. Der Wolf springt mitten ins Zimmer. Er ist sehr, sehr müde und fällt gleich hin, direkt vor dem Kamin. Er schließt die Augen, denn er hat keine Kraft mehr.

Na ja, denkt Federchen, es scheint ihm ja nicht besonders gut zu gehen. Sie gibt dem Wolf etwas zu fressen. Der ist sehr glücklich und frißt die ganze Schüssel leer. Jetzt fühlt er sich wohler. Voller Dankbarkeit leckt er Federchen die Hände. „Sicher werden wir noch gute Freunde", sagt Federchen erfreut. Sie bringt es nicht übers Herz ihn wieder vor die Tür zu jagen.

Sie bietet Ihm an, in ihrem Zimmer zu schlafen. Der Wolf legt sich sofort auf den Bettvorleger und schläft bald darauf ein.

Von diesem Augenblick an beginnt ein neues Leben für Federchen und den Wolf. An schönen Tagen, wenn der Schnee draußen funkelt, gehen sie zusammen spazieren. Bei schlechtem Wetter bringt Federchen dem Wolf das Dominospielen bei.

Im Frühling kehrt der Wolf zurück zu den Seinen und verspricht Feodora, wieder zu kommen.

Miko, der kleine Affe.

Im alten Hafen, nicht weit vom Anlegeplatz der Schiffe, befindet sich ein kleiner Laden. Dort kann man alle möglichen exotischen Tiere kaufen, die die Matrosen aus fernen Ländern mitgebracht haben: Wunderschöne, seltene, bunte Vögel, einen Wüstenfuchs, fremdartige Fische, einen kleinen Affen und noch vieles andere mehr.

Miko, der kleine Affe, ist in seinem Käfig eingesperrt und langweilt sich ganz fürchterlich. Aber am Abend, als der Ladenbesitzer kam, um dem Äffchen Futter zu bringen, hat er den Käfig nur ungenügend verschlossen. Deshalb flieht Miko, sobald der alte Mann ihm den Rücken gedreht hat.

Mit ein paar Sprüngen ist Miko auf der Straße und dann auch schon in der nächsten und übernächsten Straße, bis er auf den großen Platz in der Stadt kommt. Dort hat ein großer Zirkus sein Zelt aufgeschlagen. Das ist hell erleuchtet. In der Menge, die sich vor der Eingangstür des Zirkuszeltes drängt, kann sich der kleine schmächtige Miko unbemerkt einschleichen. Er kauert sich in eine Ecke des großen Zeltes vor die Käfige, in denen allerlei wilde Tiere zusammengepfercht sind.

Hier ist alles so schön, denkt er, die Musik und die Lichter und die vielen, schön angezogenen Menschen.

Miko bewundert auch die prächtigen Pferde mit den Federbüscheln auf dem Kopf, die geschmückten Elefanten und die weißen Hunde, die bunte Kleider tragen. Miko findet, daß es toll sein muß,

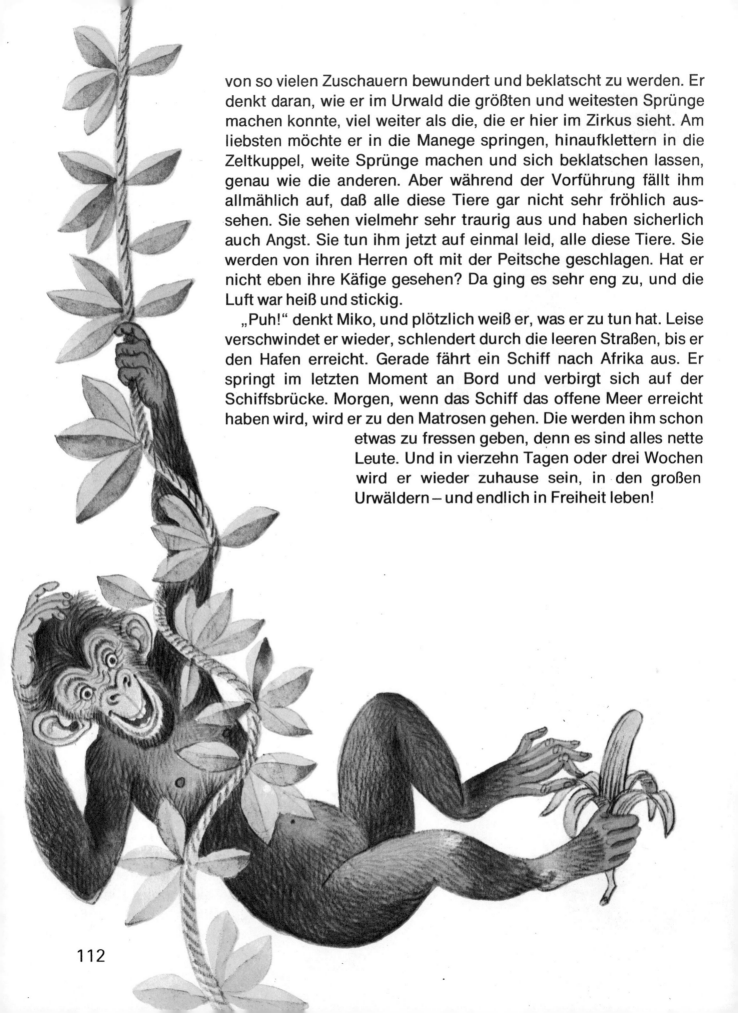

von so vielen Zuschauern bewundert und beklatscht zu werden. Er denkt daran, wie er im Urwald die größten und weitesten Sprünge machen konnte, viel weiter als die, die er hier im Zirkus sieht. Am liebsten möchte er in die Manege springen, hinaufklettern in die Zeltkuppel, weite Sprünge machen und sich beklatschen lassen, genau wie die anderen. Aber während der Vorführung fällt ihm allmählich auf, daß alle diese Tiere gar nicht sehr fröhlich aussehen. Sie sehen vielmehr sehr traurig aus und haben sicherlich auch Angst. Sie tun ihm jetzt auf einmal leid, alle diese Tiere. Sie werden von ihren Herren oft mit der Peitsche geschlagen. Hat er nicht eben ihre Käfige gesehen? Da ging es sehr eng zu, und die Luft war heiß und stickig.

„Puh!" denkt Miko, und plötzlich weiß er, was er zu tun hat. Leise verschwindet er wieder, schlendert durch die leeren Straßen, bis er den Hafen erreicht. Gerade fährt ein Schiff nach Afrika aus. Er springt im letzten Moment an Bord und verbirgt sich auf der Schiffsbrücke. Morgen, wenn das Schiff das offene Meer erreicht haben wird, wird er zu den Matrosen gehen. Die werden ihm schon etwas zu fressen geben, denn es sind alles nette Leute. Und in vierzehn Tagen oder drei Wochen wird er wieder zuhause sein, in den großen Urwäldern – und endlich in Freiheit leben!

Titi auf der Insel der Glücklichen.

Heute morgen beschloß Titi, der kleine Pinguin, sich einmal auf einer großen Eisscholle ganz langsam dahintreiben zu lassen.

Es war Frühling geworden. Titi, die Schneehasen und die Schneehühner waren darüber sehr froh. Titi machte es sich also auf einer Eisscholle bequem und ließ sich treiben.

„Wo will er denn hin?" fragten die Schneehühner überrascht. „Warum muß er ausgerechnet auf einer Eisscholle verreisen?" fragten die Rentiere und schüttelten ihre Geweihe. Niemand konnte diese Fragen beantworten. Titi am allerwenigsten. Das Abenteuer war ganz einfach da.

Das Meer trieb die Eisscholle weit, dahin, wo die Sonne schien und es viel wärmer war als in der Arktis. Langsam begann das Eis zu schmelzen. Aber der kleine Pinguin merkte nichts davon. Doch eines guten Tages war es nicht mehr zu übersehen: Die Eisscholle war nicht mehr da, nur ein winziges Stückchen Eis, auf dem gerade seine Füße noch Platz hatten.

Ich muß ins Wasser springen, dachte Titi entschlossen. Er sprang und schwamm. Doch er wurde bald sehr müde. Darum hielt er Ausschau nach irgendetwas, was im Wasser treibt und woran er sich hätte festhalten können. Dann könnte er auch noch zu der Insel schwimmen, die dort in der Ferne lag. Aus einem Kistendeckel, der mitten im Meer schwamm, machte er so etwas wie ein Floß. Er nahm alle Kraft zusammen und erreichte tatsächlich die Insel. Dort wuchsen
riesige Bäume und bunte Blumen. Es gab

seltsame Vögel und Hasen. Titi wanderte auf gut Glück über die Insel.

„Was ist denn das für ein komischer Vogel?" fragten die Hasen, als sie ihn erblickten.

Endlich faßte sich der Specht, der dort lebte, ein Herz:

„Was willst du hier?" fragte er, doch es klang freundlich.

„Ich will mir die Welt anschauen", antwortete Titi, „aber ich weiß gar nicht, wo ich hier bin."

„Du befindest dich auf der Insel der Glücklichen", erklärte ein kleiner Paradiesvogel.

„O, das ist aber hübsch", sagte Titi und war ganz begeistert. Als der Tag immer heißer wurde, fragte Titi, ob er ein Stückchen Eis haben könne.

Die Hasen rissen die Augen auf und spitzten ihre Ohren.

„Keine Ahnung", sagten sie, „was ist denn das?"

„Macht nichts", sagte Titi, „aber vielleicht könnt ihr mir ein wenig Luft zufächeln?" Er konnte es vor Hitze nicht mehr aushalten.

Deshalb wischte er sich den Kopf mit seinem Taschentuch ab. Die Hasen machten aus großen Blättern einen Fächer und fächelten der Reihe nach dem kleinen Pinguin Luft zu. Dann boten sie ihm Eier, Bananen und Karotten zum Essen an. Aber leider schmeckte Titi das alles nicht.

„Ich mag nur Fisch", sagte er ein wenig verlegen. Aber auch die Fische, die in diesem Meer waren, schmeckten ihm nicht und der kleine Pinguin überlegte, ob er nicht lieber wieder wegfahren sollte.

Das tat den Hasen sehr leid. „Wir können dir alles besorgen, was du wünscht", sagten sie.

„Ach, so schlimm ist es ja gar nicht", antwortete der Pinguin. „Aber so richtig wohlfühlen werde ich mich wahrscheinlich nur bei mir zuhause. Die Hitze hier bei euch macht mich ganz kaputt." Er konnte kaum noch die Augen offen halten und schlich nur noch umher.

Die Hasen bauten ihm ein Floß aus Palmenblättern und befestigten riesige Bananenblätter, die sich im Wind wölbten, so, daß sie ihm als Segel dienten.

„Gute Reise", sagten die Hasen.

„Ich danke euch allen", erwiderte Titi gerührt.

Der Wind war günstig und schob das Floß vor sich her. Titi erreichte schnell sein Ziel.

„Du hier? Wo kommst du denn her?" fragten die Schneehühner ganz erschrocken. Sie standen um ihn herum und konnten es kaum glauben. Die Schneehasen, die Rentiere und die anderen Pinguine kamen auch gleich angerannt.

„Ich sterbe vor Hunger", erklärte Titi. Er verschluckte ein paar Fische auf einmal. Dann erzählte er sein Abenteuer. „Die Wärme muß angenehm sein", riefen die Schneehasen im Chor.

„Nein", sagte Titi, „man erstickt fast dabei."

Da die Sonne noch nicht untergegangen war, beschloß Titi ein Fest zur Feier seiner Rückkehr zu veranstalten. Ein Tanzfest, auf dem alle sich gut amüsierten.

Das Dorf
der kleinen Hasen.

Hasiputz, der kleine Wildhase, lebt in den Dünen. Nachts springt er unter dem Sternenhimmel im Mondschein herum. Eines Tages kommt er aus seinem Bau heraus, um Klee und Feldthymian zu suchen. „Guten Tag", sagt er zu den Möwen und dem blauen Himmel. Hasiputz ist der glücklichste von allen kleinen Wildhasen, die auf der sonnenbeschienenen Düne herumspielen.

Sie hausen alle sehr vergnügt in ihrem Sanddorf.

Wie schön sind die Wettrennen im gelben Löwenzahn. Der Herbstwind streicht schon über das Schilf. Und jetzt kommen auch die Jäger mit ihren Hunden wieder.

„Gib nur schön acht, Hasiputz!" mahnt die Hasenmutter. „Geh' jetzt lieber nicht tagsüber aus, denn der Hund wird dich entdecken. Dann legt der Jäger die Flinte auf dich an."

Aber Hasiputz hört nicht besonders gut zu. Er möchte den Duft des Feldthymians schnuppern und die letzten Karotten knabbern, die auf den Feldern wachsen, ganz nahe am Moor.

Und dann hat Hasiputz eine ganz tolle Idee.

Ich werde ein kleines Häuschen für mich ganz allein bauen, wie die Jäger und die Hunde es noch nicht gesehen haben. In einer Ecke entdeckt Hasiputz einen blauen Plastikeimer. Der ist am Rand

116

ein bißchen ausgebrochen. Er läßt ihn die Düne hinunterrollen und hüpft fröhlich hinterher. Dann stellt er ihn umgekehrt in die Tiefe der Düne, hinter den großen gelben Löwenzahn. Was für ein sonderbares kleines Haus!

„Kommt alle herbei, meine Freunde, und seht euch mein hübsches kleines Häuschen an!"

Hasiputz legt sich jetzt einen Vorrat an: Thymian, Rosmarien, Klee und ein bißchen Moos. Dann kehrt er von seinem Ausgang zurück in sein neues blaues Haus. Die zerbrochene Stelle am Rand ist sein Guckloch. Da schaut er hinaus und beobachtet den Jäger und seine Hunde.

Die Jäger mit ihren hohen Stiefeln und die Hunde mit den langen Ohren suchen zuerst am Rand der Düne. Da springen die Hunde laut bellend zu den Löchern, die in die Hasenwohnungen führen. Sie laufen und schnüffeln und versuchen, hineinzuschlüpfen. „Sucht, sucht!" schreien die Jäger, „paßt auf!"

Die Hunde scharren und kratzen, und manchmal gelingt es ihnen auch, in den Bau einzudringen. Aber die Hasen sind schon längst wo anders. Wo sind sie denn? Die Jäger sind wütend.

Aber was sieht man eines schönen Morgens auf der grasbewachsenen Düne? Ein richtiges Hasendorf aus lauter blauen, gelben oder orangenfarbenen Eimern, mitten zwischen Unkraut und Löwenzahn.

Es sind die Freunde des kleinen Hasiputz. Sie haben einfach ihre Häuschen neben seines gesetzt.

Im schönen Wald.

Im schönen Wäldchen schützen große Bäume das Häuschen vom kleinen alten Mann und der kleinen alten Frau. Im Frühling singen die Vögel, wenn die beiden Altchen ihren Garten bestellen.

Die kleine alte Frau sät neben ihrer Strohhütte allerlei Samen, damit schöne Blumen daraus sprießen und in der Sonne wachsen.

Der kleine alte Mann und die kleine alte Frau ernten Gemüse und Obst aus ihrem Garten. Sie kochen zusammen ein: kleine Birnen, Aprikosen und Tomaten.

In der Morgenfrische entdeckt der kleine alte Mann zarte Pilze. Die trocknet er als Wintervorrat.

Den ganzen Tag pflückt die kleine alte Frau Erdbeeren, Himbeeren und Brombeeren, während der kleine alte Mann Haselnüsse, Kastanien und Walnüsse sammelt.

Und dann kocht die kleine alte Frau tagelang die Marmelade in ihrem großen Kupferkessel und füllt die Steinguttöpfe mit rotem und schwarzem Gelee bis obenhin. Diesen Winter werden wir aber gut essen, denkt sie zufrieden.

Der kleine alte Mann sägt Bäume. Er zersägt sie in große Rundhölzer, die er mit der Axt spaltet. Dann stapelt er das Birkenholz im Schuppen auf. „Wir werden schön Feuer machen können", sagt er und wischt sich den Schweiß von der Stirn.

Und dann kommt auch schon der Winter mit kalten Stürmen. Schnee bedeckt Weg und Steg. Da fühlen sich der kleine alte Mann und die kleine alte Frau wohl an ihrem schönen warmen Ofen. Plötzlich klopft es an der Tür.

„Herein, herein!" ruft der kleine alte Mann. „Kommt und wärmt euch bei uns ein wenig auf", sagt die kleine alte Frau. Der Igel kommt herein, gefolgt vom Eichhörnchen, vom Fuchs und vom Hasen. Die Vögel sitzen auf der Gardinenstange und singen. Die Eule läßt sich auf dem Kamin nieder.

Wie ist es doch so gemütlich im kleinen Haus mitten im hübschen Wäldchen, und wie fröhlich sind alle miteinander. Das Feuer flackert lustig im Ofen.

Aber eines Tages, als sie lange draußen waren, um Anmachholz zu sammeln, haben die beiden Altchen sich erkältet. Sie husten und haben Fieber.

„Keine Frage – ihr müßt euch ins Bett legen", meint der Fuchs, „wir werden euch pflegen." Die Hasen kochen Kräutertee aus Eisenkraut und Rosmarien. Der Fuchs und der Igel sägen Holz

und passen aufs Feuer auf. Die Eule und alle die anderen Vögel kauern sich auf das Bett, um eine warme Zudecke zu bilden. Eine Decke der Freundschaft, eine Decke, die singt, oh, wie wunderbar!

So können die beiden kleinen alten Leute eines Tages wieder aufstehen. Sie setzen sich ans Feuer und erzählen Geschichten und hören zu, was die Tiere des Waldes von dem langen Winter zu berichten haben.

Und an einem schönen klaren Morgen hängt der Frühling Knospen von grauem Flaum an die Weidenzweige. Die Sonne dringt durch die Fenster.

Die beiden Altchen machen einen kleinen Ausflug in den erwachenden Garten, und dann gehen sie mit ihren Freunden weiter in den Wald.

Die Vögel bauen ihre Nester. Sie singen fröhlich auf den Zweigen der Birken und fliegen hoch in die Luft.

Jetzt sind der kleine alte Mann und die kleine alte Frau wieder ganz gesund und freuen sich auf die schöne Jahreszeit.

Das Tigerbaby reißt aus.

Es ist wirklich ein hübsches Tigerbaby, wie es da zwischen den Vorderpfoten seiner Mama sitzt. Zärtlich reibt es sein kleines Schnäuzchen an ihrem weichen Fell. Dann dehnt und streckt es sich.

Seine Mutter Kitty ist sehr stolz auf den kleinen Tigerjungen. Er ist so hübsch gestreift und so fröhlich.

Herr und Frau Müller sind die Besitzer der beiden Raubtiere. Sie haben lange in Südasien gelebt. Dort fanden sie eines Tages die Tigerin Kitty als ganz kleines verlassenes Baby. Sie nahmen sie bei sich auf und zogen sie mit der Flasche groß. Als sie wieder nachhause zurückgekommen waren, brachte Frau Müller es nicht übers Herz, ihre liebe Tigerin wegzugeben, die ihr wie eine große Katze überall hin folgte.

Herr Müller hatte schließlich nachgegeben. Ihr Garten war so groß, daß Kitty ruhig darin herumtoben konnte. Man würde jetzt hohe Mauern um den Garten aufrichten, und da Kitty wie ein Hund ihrer Herrin aufs Wort folgte, würde sie wohl auch nicht fortlaufen.

Kitty hatte sich schnell an ihr neues Leben gewöhnt. Sie lief gerne an dem kleinen

121

Bach entlang, der durch den Garten floß und paßte auf ihren kleinen Gilbert auf, der kurz nach ihrer Ankunft in Europa geboren war. Alle in dem großen weißen Haus waren glücklich und zufrieden. Doch im Dorf gab es deswegen viel Gerede. Da wohnten viele Leute, die hatten Angst vor den 'Menschenfressern', die sich dort auf dem Grundstück frei bewegten. Wenn der Briefträger die Post brachte, zitterte er vor Angst, wenn er die Schatten der großen Raubtiere zwischen den Bäumen sah.

Eines Morgens wurde es ganz schlimm. Kitty rief und jammerte. Anscheinend wollte sie ihre Herrin zur Hilfe herbeiholen. Ihr Tigerbaby war in der Nacht verschwunden. Es blieb unauffindbar. Alles war darüber in Aufruhr geraten. Man rief das Baby, aber es kam nicht. Es könnte schlimm ausgehen, wenn es ins Dorf gelaufen wäre. Und plötzlich hatten die Bauern, man weiß nicht woher, erfahren, daß das Tigerjunge ausgerissen war. Sie versammelten sich und berieten, was zu tun sei. Sie hatten ihre Sensen und Heugabeln mitgebracht und waren entschlossen, das Raubtier zu jagen. Sie liefen vor das große weiße Haus und riefen:

„Erschießt die Tiger, macht sie tot!"

Die arme Kitty begann an allen Gliedern zu zittern, so erschrocken war sie. Frau Müller versuchte, sie zu beruhigen und streichelte sie: „Arme Kitty, die keiner Fliege etwas zuleide tut! Armer kleiner Gilbert, der gerade eben erst laufen gelernt hat!"

Draußen schrien die Bauern aufgebracht: „Überlaßt uns die Tiger! Gebt uns die Tiger raus! Wir wollen die Tiger haben!"

Frau Müller schlug die Hände vors Gesicht und fing an zu weinen. Herr Müller wurde zornig. Er versuchte mit den Bauern zu reden. Aber es war schwer, sie zu überzeugen. Dann versuchte Herr Müller es mit etwas anderem. Er zählte auf, was er den Einwohnern des Dorfes schon alles Gutes getan hatte. Er

sprach davon, daß er auch in Zukunft allen helfen wollte, die aus dem Dorf kämen und ihn um Hilfe bäten. Man solle ihn und seine Frau deshalb in Frieden lassen.

Die Bauern senkten die Köpfe, aber sie blieben eigensinnig und wollten eine andere Lösung:

„Schön, wir geben Ihnen Zeit bis heute abend, um Ihr Raubtier zu finden. Aber dann übernehmen wir die Suche. Wir wollen nicht, daß der 'Menschenfresser' unsere Frauen und Kinder anfällt."

„Unsere Tiger sind völlig harmlos", rief Frau Müller. „Meine Tigerin frißt mir aus der Hand. Und der verschwundene Tiger ist noch ein Baby."

Die Bauern gingen fort und die Müllers suchten weiter. Als es völlig dunkel geworden war, wurde Gilbert gefunden. Er war hoch in den Gipfel eines Baumes geklettert und kam nun nicht mehr hinunter. Herr Müller nahm eine Leiter und holte das ängstliche Tigerbaby vom Baum.

Nach diesem aufregenden Erlebnis entschlossen sich die Müllers, die beiden Tiger doch in den großen Zoo der nahen Stadt zu geben. Und sie besuchten sie dort jeden Tag.

Das Fest der Blaumeise.

Für das Fest der Blaumeise wollen alle Vögel besonders schöne Geschenke aussuchen, jeder das, was ihm selbst am besten gefällt.

Die Webervögel weben einen hübschen Teppich aus Stroh und Moos. Die Lerchen backen aus goldgelbem Bienenhonig einen wunderschönen Weizenkuchen. Die Buchfinken und die Amseln schmücken das Nest der Meise mit Blumen. Die Gimpel bereiten einen Fruchtsalat zu. Die Elster hat einen Pullover gestrickt – kurz und gut, alle Vögel haben das beste Geschenk gefunden. Alle – bis auf die Drosseln, die haben keine Phantasie. „Die Tage vergehen. Was können wir tun?" jammern sie. Sie heben kummervoll ihre kleinen Köpfe zum Himmel. Sie sehen ein Gewitter aufziehen. Schon fällt auch der Regen. Alle Tiere suchen Schutz vor dem Gewitter. O, so viele Blitze!

Als das Gewitter vorbei ist, zieht sich ein Regenbogen über den Wald. „Davon könnten wir uns eigentlich ein kleines Stück herunterreißen", sagt eine ganz gescheite Drossel. „Daraus können wir schnell ein hübsches Kleid für das Blaumeischen nähen."

Sie fliegen zu dem majestätischen Regenbogen, und der gibt ihnen gerne ein kleines Stück von seinem schönen Gewand ab.

Die Drosseln sind sehr dankbar dafür. Sie nähen sofort eine prächtige Jacke daraus.

Das Blaumeischen kann es gar nicht fassen. Es findet sich sehr schön und sehr gutangezogen.

Es wird ein wunderbares Fest mit Gelächter, Gesang und viel, viel Freude.

124

Olivers Pferd.

„Schnell, beeil dich, kleines rotes Pferd. Jetzt bist du an der Reihe, zu laufen. Ich habe schon meine schöne grüne Jockey-Bluse an. Also beeil dich!"

„Nein", erwidert das kleine rote Pferd, „es ist unmöglich."

„Warum? Warum denn?" fragt Oliver.

„Ich habe meine Brille verloren", sagt das kleine rote Pferd.

„Warte", schreit der kleine graue Esel, „Oliver, steig auf meinen Rücken. Wir werden sie ganz schnell finden."

Der Esel läuft über die Wiese „Iah, Iah!" und trabt in den Kuhstall.

„Warum schreist du so?" fragt die Kuh. „Du weckst mein Kälbchen, das gerade eingeschlafen ist."

„Wo ist die Brille vom kleinen roten Pferd?" fragt Oliver.

Die Kuh schaut überall im Stall nach, unter dem frischen Stroh und auch in den dunklen Ecken.

„Hier ist sie nicht", sagt die Kuh. „Du mußt anderswo nachschauen."

Der Esel läuft zum Pferdestall! „Iah! Iah!"

125

„Was schreist du hier so herum?" fragt das Pferd, „du weckst ja die Fohlen auf, die gerade eingeschlafen sind."

„Wo ist die Brille vom kleinen roten Pferd?" fragt Oliver.

Das Pferd schaut in seiner Krippe nach und unter allen Spinnweben.

„Nein", sagt es, „hier im Pferdestall ist keine Brille. Geh' woanders hin suchen."

Der Esel läuft zum Schweinestall: „Iah! Iah!"

„Warum schreist du bloß so?" fragt das rosige Schwein. „Du wirst meine Ferkel aufwecken, die gerade ihr Mittagsschläfchen halten."

„Wo ist die Brille vom kleinen roten Pferd?" fragt Oliver.

Das Schwein sucht zwischen den schlafenden Ferkeln. „Nein", sagt es, „hier im Schweinestall ist die Brille nicht."

Der Esel läuft hinüber zum Hühnerhof. „Iah! Iah!"

„Was soll das Geschrei?" fragen die Hennen. „Du wirst unsere Küken vom Mittagsschlaf aufwecken."

„Wo ist die Brille vom kleinen roten Pferd?" fragt Oliver.

Die Hühner schauen in den Nestern zwischen den Eiern und den schlafenden Küken nach.

Nun haben sie alles durchsucht.

„Nein", sagen sie, „im Hühnerstall ist die Brille nicht."

Der Esel läuft zum Kaninchenstall. „Iah! Iah!"

„Warum schreist du so laut?" fragen die Kaninchen. „Du wirst uns unsere Kleinen wecken, die gerade Mittagsschlaf halten."

„Wo ist die Brille vom kleinen roten Pferd?" fragt Oliver.

Die Hasen heben ihr Heubettchen hoch, schauen unter den Klee und unter die Kohlblätter.

„Nein", sagen sie, „hier ist keine Brille".

Der Esel läuft zum Teich. „Iah! Iah!"

„Warum machst du solches Geschrei?" fragen die Enten, „du störst unsere Entenküken beim Schwimmunterricht."

„Wo ist die Brille vom kleinen roten Pferd?" fragt Oliver.

Die Enten schauen im Schilf nach und wühlen im Schlamm.

„Nein", sagen sie, „wir haben die Brille nicht."

Der grüne Frosch, der auf dem großen Blatt der Seerose eingeschlafen war, öffnet seine Augen.

Platsch! macht es, und er springt auf den Grund des Teiches. Kurz darauf taucht er wieder auf.

„Hier", sagt er, „ich habe die Brille vom kleinen roten Pferd gefunden."

Sofort läuft der Esel zurück zur Rennbahn. „Iah! Iah! Iah!"

„Wir haben die Brille!" ruft Oliver fröhlich.

Da ist das kleine rote Pferd sehr froh.

Oliver in seiner grünen Jockeybluse springt auf den Rücken seines Pferdes und jagt hopp, hopp auf die Bahn.

Die anderen Pferde sind schon da, um zu trainieren und sich warmzulaufen.

„Auf die Plätze, meine Herren Jockeys, auf die Plätze!"

Aber die jungen Pferde laufen einmal rechts und einmal links. Es ist ihnen gar nicht eilig. Es ist so schön, frei im Wind herumzuspringen.

„Komm, mein kleines rotes Pferd", sagt Oliver und streichelt es, „wir müssen uns aufstellen."

Endlich ist es soweit. Die ungeduldigen Pferde stehen am Start.

Die Jockeys halten sie am Zügel zurück.

Eins, zwei, drei – und los geht's!

Das kleine rote Pferd läuft als Letztes los.

Es galoppiert und galoppiert.

Ah! Es überholt ein Pferd und noch eins und noch eins.

„Bravo, kleines rotes Pferd", sagt Oliver und umarmt es. „Wir sind zwar nicht die Ersten, aber das ist nicht so wichtig. Du bist fabelhaft galoppiert und wir haben viel Spaß dabei gehabt."

„Vielen Dank euch allen", schreit das kleine Pferd seinen Freunden vom Bauernhof zu, die gekommen sind um zuzuschauen und zu applaudieren.

Das ist die Geschichte vom kleinen Pferd, das seine Brille wiederfand und mit seinem Freund Oliver in der grünen Jockeybluse beim Rennen fast gewonnen hätte.

Die Freier.

Jorindel, der Hirsch, fühlt sich sehr alt. Er kann kaum noch laufen und sein Geweih ist ihm viel zu schwer. Aber bevor er sich zurückzieht, möchte er noch die Hochzeit seiner Tochter Jasmin, einer hübschen, jungen Hirschkuh, ausrichten. Deshalb schickt er eine Hochzeitsanzeige an alle Bewohner des Unterholzes, die sich um seine Tochter bewerben sollen.

Bald darauf sagt Robert, der größte der Junghirsche:

„Deine Tochter gefällt mir. Sie ist die hübscheste unter den jungen Hirschkühen. Ich nehme sie."

Aber Jorindel lehnt einen solchen Antrag ab. „Schönheit ist nicht der wichtigste Grund, um zu heiraten", sagt er.

Da kommt auch schon Erwin, ein anderer Junghirsch. Er will es besonders gut machen und sagt: „Kleine Jasmin. Dein Vater stirbt sowieso bald. Er ist schon viel zu alt, um dich zu ernähren. Deshalb will ich dich gerne heiraten."

129

Jorindel senkt das Geweih und schreit wütend: „So lange ich noch lebe, wird es meiner Tochter an nichts fehlen. Und was dich angeht, ich bin noch stark genug, um dich hinauszuwerfen!"

Mathias, der schwere und etwas ungeschickte Hirsch, stellt sich als Hochzeiter vor: „Jasmin ist ein gesundes Mädchen und man kann erwarten, daß wir einmal schöne Kinder haben werden." Aber auch das kann den Vater nicht überzeugen.

Der kleine Viktor ist bisher ein bißchen abseits geblieben. Jetzt kommt er heran und sagt ein wenig schüchtern: „Jasmin ist so lieb und so hübsch. Sie kann bestimmt einen Besseren haben als mich. Aber wenn sie mir folgen würde, würde ich ihr ein windgeschütztes Bett aus frischem Moos bereiten. Ich würde ihr das Futter bringen, das sie am liebsten hat. Und meine Familie würde sie sicher auch sehr gerne aufnehmen. Sie ist ja so reizend!"

Jorindel sieht, daß seine kleine Tochter lächelt und ruft erfreut: „Ich glaube, er ist der richtige Ehemann für dich, mein Kind. Werdet glücklich miteinander!"

Dann sieht er, wie sie Seite an Seite weggehen und Viktor der kleinen Jasmin alle Zweige beiseite schiebt, die sie hindern.

Da ist der alte Jorindel sehr zufrieden, denn nun weiß er seine Tochter gut versorgt.

Purzel, die kleine Maus.

Purzel, die kleine Maus, und Miezi, die weiße Katze, waren unzertrennliche Freunde. Miezi hatte eine kleine Herrin, die sie sehr liebte. Sie hieß Lilli. Stundenlang saß Miezi auf Lillis Schoß und ließ sich streicheln. Das machte Bruno, den Hund, sehr eifersüchtig, denn er war vor der Katze schon im Hause gewesen.

Als Bruno die beiden Freunde, Maus und Kätzchen, zum ersten Mal zusammen erblickte, konnte er es gar nicht begreifen. Wie angewurzelt blieb er stehen. Und dann jagte er wie wild hinter ihnen her. Sie flüchteten sich in das Warenlager vom Lebensmittelhändler in der Nachbarschaft. Und von diesem Tage an gingen sie immer wieder dorthin.

Der Lebensmittelhändler war sehr böse über seine eigene Katze, einen Kater, weil er so bequem und faul war. Er sperrte ihn in sein Lager, damit er dort Mäuse jagte.

„Noch ist nichts verloren", meinte Miezi. „Dieser fette Kater ist leicht zu überlisten. Abends, wenn der Mond scheint, wird er sehr wahrscheinlich einen Ausgang finden. Jede Katze will doch hinaus, wenn die Vollmondnächte kommen. Dann können wir hinein."

„Was du nicht alles weißt", sagte Purzel, das Mäuschen, bewundernd. „Ohne dich wäre ich noch bei den Mäusen und hätte immer nur Angst und Hunger. Schau mal, dort geht Lilli mit Bruno Gassi."

„Das trifft sich ja prima. Ich werde jetzt zärtlich miauen. Der Kater wird hinausschlüpfen, und Bruno wird den Rest besorgen."

Und wirklich. Der Kater, geschmeichelt, daß die hübsche Nachbarskatze ihn beachtete, krümmte

den Rücken und schnurrte. Gleich darauf schlüpfte er aus dem Lebensmittellager. Das hatte Bruno gesehen. Er bellte furchtbar und verfolgte den Kater, bis beide außer Sicht waren. Jetzt konnten die beiden Freunde ungehindert da hineinschlüpfen, wo der Kater herausgekommen war.

„Schau mal Miezi", rief die Maus. „Was ist das für ein Haus mit vielen kleinen runden Zimmern?"

„Das ist doch kein Haus, Purzel", erwiderte die kluge Katze, „das ist ein Schweizer Käse."

„Käse!" rief Purzel, das Mäuschen, „das ist ja prima, ein richtiges Festmahl!" Und die kleine Maus fraß sich fast bis zur Hälfte in den Käselaib hinein.

„Purzel, du mußt wieder rauskommen, wir müssen weg von hier. Es ist Zeit."

„Ich kann nicht. Auf der einen Seite stoße ich an eine Wand und auf der anderen sind die Löcher plötzlich so eng. Die waren doch vorher größer."

„Das kommt daher, weil du so viel gefressen hast. Jetzt ist dein Bauch zu dick."

Und da kam der Kater auch schon zurück. Schmutzig, zerzaust und mit einem verkratzten Auge.

„Ach da bist du ja", sagte er erfreut zu der Katze. Jetzt bin ich todmüde und muß mich erholen. Paß du doch auf, ob du Mäuse hörst. Zum Teufel mit allen Hunden und allen Mäusen!"

„Ja, das finde ich auch. Schlaf nur, du Armer", sagte die Katze.

„Schnell Purzel. Der Kater schläft."

„Ich habe noch nicht genug Käse", erwiderte die gefräßige Maus.

„Na, dann wird der Kater dich zusammen mit dem Käse verspeisen", warnte Miezi. Endlich kam die Maus mit Hilfe ihrer Freundin doch aus dem Käse, und die beiden rannten davon, so schnell sie konnten.

„Jetzt wollen wir uns mal Bruno anschauen, wie er ohne Bart aussieht. Lilli hat ihn angebunden. Guten Tag Bruno, na so was! Warst du beim Friseur? Der hat dir wohl den Bart gestutzt? Und wie sieht deine Nase aus! Wie eine Kartoffel."

Bruno warf Miezi einen bösen Blick zu. Er ließ die Ohren hängen, kniff den Schwanz zwischen die Beine und schlich in seine Hundehütte.

„Ich kriege dich schon noch", knurrte er, „dich und deine Maus."

„Findest du nicht Bruno, daß es für Lilli viel angenehmer wäre, wenn wir Frieden schließen würden? Sie hat dich genauso lieb wie mich und du bist doch auch gar kein böser Hund."

„Vielleicht hast du recht. Lilli würde sich freuen. Ich werde es mir überlegen. Morgen können wir darüber reden", knurrte der von Schmerzen geplagte Bruno und ging endgültig in seine Hütte.

Ein Geschenk fällt vom Himmel.

Drei kleine Mäuse schaukeln. Die mutigste, Minusch, sitzt auf der Schaukel und schreit immerzu: „Stoßt, stoßt, höher, höher!" Sie stoßen die Schaukel so fest an, daß die Maus in die Luft geschleudert wird, einem Storch, der gerade vorbeikommt, geradewegs auf den Rücken.

„Nanu!" ruft der Storch, „ein Geschenk, das vom Himmel fällt", aber er geht einfach weiter, ohne sich besonders darüber zu wundern. Die Störche müssen ja die Babys zu den Menschen bringen. Es ist eine lange Reise, die dieser Storch macht, mit Minusch auf dem Rücken. Aber das gefällt der kleinen Maus. Sie ist froh, daß sie aus dem Hause ist, wo ihre unzähligen Geschwister sie sowieso immer nur geärgert haben. Endlich ist der Storch an seinem Ziel, einem ganz, ganz kleinen niedrigen Haus, von blühenden Blumen umgeben. Der Storch fliegt auf den winzigen Balkon, stellt sich an das kleine Fenster und hört folgende Unterhaltung:

„Ach mein armes Liebes, ich glaube wir sind zu alt und werden nie mehr ein Kind haben." Am Tisch sitzt ein Mäuseehepaar. Er trägt eine gestreifte Hose und raucht eine Pfeife und sieht sehr traurig drein. Seine Frau sitzt ihm gegenüber und strickt. Sie senkt betrübt den Kopf: „Niemand wird unser schönes Häuschen erben, niemand werden wir verwöhnen können. Wie sehr würde ich so ein Mausekindchen liebhaben, wenn ich nur eines hätte!"

Der Storch zögert keinen Augenblick. Er fliegt auf den Schornstein und läßt Minusch in den Kamin gleiten, wo sie zwischen ihre neuen Eltern fällt. Alle sind erstaunt und überglücklich.

134

Das Fest der Eule.

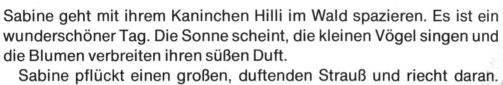

Sabine geht mit ihrem Kaninchen Hilli im Wald spazieren. Es ist ein wunderschöner Tag. Die Sonne scheint, die kleinen Vögel singen und die Blumen verbreiten ihren süßen Duft.

Sabine pflückt einen großen, duftenden Strauß und riecht daran. „Mhm", sagt das Kaninchen, „wie gut das riecht!" Das findet Sabine auch. Sie pflückt einen ganzen Arm voll Blumen. „Mama wird sich freuen", sagt sie.

„Sollen wir nicht mal Verstecken spielen?" schlägt der Kuckuck vor. Sabine ist einverstanden, die Amseln und die Eichhörnchen wollen auch mitspielen.

Nach dem Versteckspiel tanzt Sabine noch ein bißchen, läuft herum und singt und wundert sich, daß die Zeit so schnell vergangen ist, denn plötzlich wird es Abend.

„Es ist Zeit, nachhause zu gehen", meint Hilli, eine Karotte zwischen den Zähnen.

Das stimmt, aber wo ist der hübsche Weg, auf dem sie hergekommen sind? Ist es dieser? Nein – dieser vielleicht? In der Nacht ist es schwer, einen Weg zu finden. Man bräuchte dazu einen Kompaß. Aber Sabine hat keinen. Was tun? Zum Glück kommen die Eulen ihr zur Hilfe. Sie geleiten sie durch den von Glühwürmchen erhellten Wald, bis zu einer

135

großen Lichtung, auf die der Mond mit seinem bläulichen Licht herniederscheint. Da gibt es viel Lärm, viel Geschrei und fröhliches Gelächter. Viele Tiere sind dort zusammengekommen.

„Was ist denn da los?" fragt Sabine erstaunt. „Das möchte ich auch gerne wissen", sagt das Kaninchen, genauso erstaunt.

„Wir feiern das Fest der Eule Schuhu", erwidern die Eulen im Chor.

Und da steht ja auch die Eule Schuhu und dirigiert das Amselorchester mit einem Haselnußzweig. Die Kaninchen tanzen mit den Füchsen und die Wiesel fordern die Graugänse zum Tanz auf. Sabine findet das herrlich und mischt sich in den fröhlichen Trubel. Sie ist mitten zwischen den Tieren. Zuerst tanzt sie mit Hilli und dann mit dem Fuchs. Sie ist erhitzt und außer Atem. Aber das ist ganz unwichtig, weil das Tanzen solchen Spaß macht.

„Komm, sing mit uns", pfeifen die Amseln. Das läßt sich Sabine nicht zweimal sagen, und sie singt ein schönes Lied.

„Bravo, bravo!" rufen alle Tiere und schlagen mit den Flügeln.

„Und jetzt wollen wir essen und trinken", sagt Schuhu und bietet Sabine ihren rechten Flügel. Sie trinken Nektar aus den Glockenblumen und essen wilden Honig. Es schmeckt ausgezeichnet, und das kleine Mädchen ißt nach Herzenslust.

Aber plötzlich dämmert der Morgen. Die fröhlichen Festgäste trennen sich. Sie sind alle sehr müde von der durchtanzten Nacht.

Ganz schnell kehren Sabine und das Kaninchen Hilli nachhause zurück. Dort schlüpfen sie in ihr Bett und schließen die Augen um noch ein bißchen von diesem schönen Eulenfest zu träumen.

Niemand hat ihre Abwesenheit bemerkt, und das ist gut so, denn Sabine hat nicht die Absicht, den anderen etwas von ihrem Abenteuer zu erzählen.

Das schneeweiße Lämmchen.

Ein Lämmchen, ein kleiner weißer Wolleball, sprang auf der grünen Wiese herum. Seine Mutter, das sanfte Schaf, betrachtete es zärtlich.

Das kleine Lamm sprang hinter den Schmetterlingen her und versuchte, die Vögel zu fangen und pustete ins Bachwasser. Dann steckte es sein rosa Näschen in die bunten Sommerblumen und schnupperte daran. Seine glänzenden Augen blickten schelmisch drein. Es hatte sie weit aufgerissen, und das Mäulchen stand ihm offen. Deshalb sah es immer so erstaunt aus. Manchmal träumte es vom weiten Land und der großen Freiheit. Dann lief es bis zur Hagedornhecke, die es von dem riesigen, weiten Wald trennte.

Was mochte unter den großen grünen Bäumen vor sich gehen? Welche Geheimnisse verbargen sie? Das kleine Lamm atmete tief den Duft, der vom Wald her durch das Loch in der Hecke drang.

„Schneebällchen, komm her. Du weißt, daß ich dir verboten habe, so nahe an die Hecke zu gehen", sagte seine Mutter zu ihm. Das Lämmchen seufzte und senkte den Kopf.

Aber es gehorchte und ging zu seiner Mutter zurück. Es war noch nicht die Zeit für ein großes Abenteuer.

Der Herbst streute Gold über die großen Bäume des Waldes. Als das Lämmlein den verzauberten Wald sah, jammerte es: „Ach, wenn meine Mutter es mir nur erlauben würde, dann würde ich dahin laufen und mir all das Wunderbare genau ansehen und mich freuen, daß ich frei herumlaufen dürfte. Aber Mama hat es verboten…"

Doch eines Morgens, als seine Mutter gerade ein Bad nahm, sprang das kleine Lamm doch über die Hagedornhecke und rannte auf die vergoldeten Bäume zu. Es rannte so schnell, daß seine kleinen Hufe den Boden nicht mehr zu berühren schienen. Es geriet mitten unter die Pilze, die dort wuchsen, es warf sich ins Moos und wälzte sich in den Blättern, die von den Bäumen gefallen waren. Es lief fast so schnell, wie die Vögel flogen. Dann ließ es sich erschöpft auf einen Baumstumpf fallen und versuchte, wieder zu Atem zu kommen. Aber seine Freunde, die Vögel, flogen derweil fort und ließen es allein und fassungslos zurück. Das kleine Lamm begann zu frieren. Es hatte Hunger und war sehr, sehr müde. Die große Freiheit gefiel ihm überhaupt nicht mehr. Es wäre jetzt so gerne bei seiner Mama gewesen. Es spürte das Verlangen, sich an ihr weiches Fell zu schmiegen und seine Nase darin zu vergraben. Aber wie sollte es jetzt den Weg zu seiner grünen Wiese wieder finden? Wie sollte es das anstellen in diesem Durcheinander von Gebüschen?

„Bäh, bäh, Mami, wo bist du, komm, hol mich doch."

Aber nur das Echo wiederholte: Bäh. Bäh…

Auf einmal erschien ein großer, schwarzgekleideter Mann und erhob drohend den Finger: „Du kleiner Nichtsnutz", sagte er, „du störst den Waldesfrieden."

„O, lieber Herr, Ihr Wald ist so schön, da konnte ich nicht widerstehen. Ich wollte ihn mir nur mal ansehen."

„Nun, zur Strafe werde ich dich in eine Wolke verwandeln", sagte der Waldgeist.

Und plötzlich sah man eine einzelne Lämmerwolke im Blau des Himmels weiden. Es fühlte sich so einsam und war so unglücklich, das kleine Lamm. Von weitem sah es seine liebe Mama, aber sie war viel zu weit weg und sah es nicht. Da fing die kleine Wolke an, furchtbar zu weinen. Sie weinte immerzu bis am nächsten Morgen alle Tränen als Schnee die Erde bedeckten. Und da erwachte unser kleines Lamm aus seinem Alptraum. Es war schön warm und ganz nah bei seiner lieben Mama im gemütlichen Schafstall. Es gähnte

139

und mit verschlafenen Augen murmelte es: „Wolke am Himmel, Schneeflocken auf der Erde." Es war Ihm doch lieber, ganz einfach nur ein kleines Lämmchen zu sein.

Flip, das Eichhörnchen.

Flip ist ein liebes kleines Eichhörnchen, aber ein fauler Schüler. Heute verlockt das schöne Wetter zu einem Spaziergang im nahen Wald.

Adieu Schule! Das verfressene Eichhörnchen geht lieber auf die Suche nach Haselnüssen. Die wachsen massenhaft auf den Haselnußsträuchern. Aber sie sind noch grün. Flip ist enttäuscht und springt weiter, bis zu einem kleinen Teich. Darauf schwimmen rosa Seerosen. Es möchte gerne eine davon haben. Deshalb springt es in ein altes Boot, das schon ganz von Moos bedeckt ist. Aber dann merkt es, daß das Boot leck ist. Das Wasser dringt hinein. Flip möchte schnell wieder ans Ufer zurück. Deshalb rudert es mit aller Kraft. Zu spät – der Kahn versinkt und das Eichhörnchen fällt ins Wasser. Es schlägt wie wild um sich, denn es kann gar nicht richtig schwimmen. Die Wasserpflanzen schlingen sich um seine Hinterpfötchen und es bekommt entsetzliche Angst. Aber endlich hat Flip das Ufer doch wieder erreicht und hat es jetzt auf einmal sehr eilig, wieder in die Schule zurückzulaufen. Am Waldausgang begegnet es einer schnatternden Gänseschar auf einer Wiese. Der Gänserich scheint Flip wohl nicht leiden zu mögen. Er stürzt sich auf das Eichhörnchen und faucht. Flip rettet sich durch einen Sprung auf den nächsten Baum. Da sitzt der kleine Kerl, vor Kälte zitternd und muß lange warten, bis die Gänse sich entfernen.

Wie freut sich der kleine Flip, als er endlich wieder in sein helles, warmes Klassenzimmer kommt.

Die Lust am Schuleschwänzen ist ihm vergangen.

141

Susanna,
die von nichts etwas weiß.

Auf ihrem weichen Strohnest sitzt Agelaia, die schönste Gans des Bauernhofes und brütet sechs Eier aus. Das wird ein Ereignis, wenn sie schlüpfen. Es ist Agelaias erste Brut. Agelaia trägt um ihren schneeweißen Hals eine dicke, rote Schnur mit einer Medaille. Sie hat auf einer Landwirtschaftsausstellung als schönste Gans den ersten Preis gewonnen.

Kurz darauf sind die kleinen Gänseküken ausgeschlüpft und watscheln hinter ihrer Mutter her. Aber leider muß Agelaia die kleinste und schmächtigste ihrer Töchter, Susanna, immer zur Ordnung rufen. Zehnmal geht sie im Garten unter dem Salat verloren oder unter den Stachelhecken, in denen sie sich verfangen hat. Laut piepsend ruft sie ihre Mutter zur Hilfe.

Die kleinen Gänse wachsen und gehen brav in die Schule. Nur eine davon macht einen großen Bogen darum: Susanna. Sie läuft lieber durch die Wasserpfützen und bespritzt ihre Schwestern. Jedes Buch und jedes neue Heft macht sie sofort schmutzig. Tom, Susannas liebster Spielkamerad, verführt sie immer wieder zu irgendwelchen Streichen. Er ist ein richtiger Lausejunge, dieser kleine weiße Hund mit den schwarz umrandeten Augen! Auf seinem Rücken sitzend, klingelt Susanna an allen Türen oder reißt die Wäsche herunter, die im Garten auf der Leine hängt. „Huhuu" heult Tom dann. Das bedeutet, daß er ganz furchtbar lacht.

Frau Eule, die Lehrerin, zeigt die Buchstaben an der Tafel. Die ganze Klasse ist fleißig. Das Häschen mümmelt mit seiner kleinen Nase und bewegt seine langen Ohren, wenn es nachdenkt. Das Hühnchen schlägt mit den Flügeln. Es meldet sich, denn es weiß eine Menge. Nur Susanna paßt nicht auf. Sie hat ihr Pult aufgeschlagen und flicht dahinter einen Kranz aus Gänseblümchen. Susanna wird gescholten. Daraufhin schwänzt sie am nächsten Tag die Schule. Ein Zirkus kommt ins Dorf. Und das findet sie viel interessanter. Sie versteckt sich mit ihrem Freund Tom unter einer Bank. Dort sehen sie sich die Vorstellungsproben an. Sie bewundern die Tänzerinnen und die

Akrobaten. Aber einer der Akrobaten ist krank geworden und fällt aus.

„Es ist meine beste Nummer", jammert der Zirkusdirektor, „was soll ich jetzt nur machen?"

„Ich kann vielleicht einspringen", schlägt Susanna vor, „es gibt ja nichts Einfacheres."

Der Zirkusdirektor ist sehr froh und stellt sie sofort ein. Sie soll noch am gleichen Abend in der Hauptvorstellung auftreten. Susanna ist ganz rot vor Stolz. Sie läuft und zieht sich das Rüschenkleid mit der passenden Mütze an. Das ganze Dorf ist versammelt. Mitten in der ersten Reihe der Zuschauer sitzt Frau Eule, die Lehrerin. Alle ihre Schüler haben sie begleitet. Die Clowns haben großen Erfolg. Auch die Tänzerinnen auf dem Seil bekommen großen Beifall.

Endlich kommt das Schönste an der ganzen Vorstellung: die abgerichteten Tiere. Zuerst tritt der Zirkusdirektor in die Manege. Susanna watschelt hinter ihm her. Alle Zuschauer klatschen und jubeln. „Hoch lebe Susanna, bravo, bravo!" schreit das Publikum.

„Fräulein Susanna", ruft der Zirkusdirektor mit lauter Stimme, „zeigen Sie, wie klug Sie sind. Sagen Sie mir, wieviel ist zwei und drei?"

„Äh – mm – vier oder vielleicht sechs", erwidert Susanna stotternd.

Die Zuschauer können sich vor Freude gar nicht fassen. Die Klassenlehrerin ist sehr bestürzt. Sie zwinkert mit ihren großen gelben Augen. Vor lauter Empörung zerzaust sie sich ihr schönes Federkleid.

Der Zirkusdirektor ist vor Wut ganz rot geworden. Er stampft mit dem Fuß auf dem Boden und schreit: „Vier oder sechs! Blöd wie eine Gans! Fünf, Sie dumme Person. Machen Sie, daß Sie rauskommen. Ich bin ruiniert." Susanna flüchtet. Sie weint vor Scham. Die Menge schreit hinter ihr her. „Blöd wie eine Gans, blöd wie eine Gans!" Susanna sucht Zuflucht bei ihrer Mutter, denn die hat ihr kleines dummes Gänschen trotz allem lieb. Deshalb nimmt sie Susanna unter die Flügel und tröstet sie. Aber dann redet sie ihr doch ins Gewissen: „Siehst du mein Kind. Du weißt von nichts etwas. Immer hast du die Schule geschwänzt. Nie hast du zugehört, wenn deine Lehrerin dir Unterricht erteilt hat. Du hast mir bis jetzt nur Sorgen gemacht. Versprich mir, daß du dich jetzt bemühen willst, etwas zu lernen!" Warm in die weichen, weißen Federn ihrer Mutter gekuschelt, verspricht Susanna beschämt, sich zu bessern.

Am nächsten Morgen findet die Lehrerin vor der Schultür eine junge, weinende Gans. Ihre Tränen haben den Fußabstreifer schon ganz naß gemacht.

„Ich will nicht mehr, daß man zu mir 'blöd wie eine Gans' sagt, bitte bringen Sie mir etwas bei!"

„Nun ja", sagt die brave Eule, „hoffen wir, daß diese guten Vorsätze anhalten werden. Ich will es mit dir versuchen, mein Kind. Also frisch an die Arbeit. Wir müssen vieles nachholen. Auf die Pausen wirst du deshalb verzichten müssen."

Schweren Herzens verspricht Susanna alles zu tun, was die Lehrerin sagt. Sie verabschiedet sich von Tom, dem Gefährten vieler dummer Streiche. Von jetzt an gibt es keine bravere und aufmerksamere Schülerin als Susanna.

Am Ende des Jahres verläßt Susanna stolz ihre Klasse. Ihr weißes Gefieder ist mit Lorbeerblättern geschmückt. Unter ihren Flügeln hält sie schöne Preise fest, die sie bekommen hat. Wertvolle Bücher mit Goldschnitt. Tom ist auch schon da, um ihr zu gratulieren. Aber er läuft ganz schnell wieder fort. Er hat Angst, daß die Lehrerin ihn in ihre Klasse aufnehmen will. Tom wird immer einer bleiben, der von nichts etwas weiß...

Mariechens Holzschuh.

Mariechen hat zum Namenstag ein paar lackierte Holzschuhe bekommen. Davon hat sie schon lange geträumt. Mariechen ist ein so liebes kleines Mädchen, daß alle sie gern haben. Alle verlassenen Tiere bekommen etwas von ihr zu essen. Des öfteren bekommt sie Besuch von einem jungen Hund, den sein Herr ausgesetzt hat. Heute hat der kleine Hund große Lust herumzutoben. Er packt einen Holzschuh und rennt zum Fluß. Doch plötzlich fällt er hinein und läßt vor lauter Schreck den Holzschuh los. Mariechen ist zwar sehr traurig, daß ihr Holzschuh nun weg ist, aber sie hilft zuerst dem kleinen Hund aus dem Wasser heraus. Der sieht, daß sie rot geweinte Augen hat. Er weiß ganz genau, was er angerichtet hat. Vom Ufer aus verfolgt er den Holzschuh, der von der Strömung weggetrieben wird. Auch ein Eisvogel erblickt ihn, streckt die Flügel und setzt sich oben drauf. Der kleine Holzschuh sieht einem Boot sehr ähnlich, und der Eisvogel darauf sieht aus wie ein blaues Segel. Mutter Ente, die mit ihren Kleinen da schwimmt, ist voller Bewunderung. „Quak, Quak!" ruft sie, das heißt: „das sieht aber hübsch aus!" in der Entensprache.

Eine Wasserratte, die dort herumschwimmt, reibt sich verwundert die Augen, die schwätzenden Bleßhühner recken sich den Hals aus vor Erstaunen. Und das kleine Segelboot fährt immer weiter. Unter der Brücke wird es von einem Zweig aufgehalten. Da fliegt der Eisvogel wieder davon. Trotzdem er große Angst hat, springt der Hund ins Wasser, erfaßt den Holzschuh und bringt ihn dem kleinen Mädchen. Mariechen ist so froh. Sie drückt den Holzschuh und das Hündchen gleichzeitig an sich.

Reise ins Land der Rosen.

An einem schönen Sommertag ging Polli, der kleine Marienkäfer, zu seiner Freundin, der Grille und sagte: „Die Rosenkönigin macht Hochzeit. Deshalb gibt sie ein großes Fest. Wir sind eingeladen. Komm, laß uns hingehen!"

Die Grille ist eine Musikerin. So nahm sie ihre Geige und folgte dem Marienkäfer.

Nun gingen sie beide auf dem Weg, der ins Land der Rosen führte. Aber bald mußten sie todmüde Rast machen. Da hatte Polli eine Idee. „Aus der Nußschale, die da auf dem Weg liegt, könnten wir uns eine Kutsche machen. Aber wer zieht die Kutsche?"

Fräulein Raupe, die gerade an einem Blatt nagte, hatte alles gehört. Sie schlug freundlich vor: „Wenn Sie wollen, kann ich Ihre Nußschalen-Kutsche ziehen."

Die beiden Freunde nahmen ihren Vorschlag begeistert an. Die Raupe wurde mit einem hübschen Band aus Grasfasern angeschirrt – und ab ging die Reise in der Kutsche!

Unterwegs trafen sie einen buntfarbigen Schmetterling, der auch mit wollte. Und einen Augenblick später kamen zwei Spatzen dazu.

Sie waren alle miteinander sehr fröhlich und sangen aus voller Kehle. Die Grille begleitete sie dazu auf der Geige.

Endlich kamen sie im Land der Rosen an.

Die wunderschöne Braut war ganz in Weiß gekleidet. Sie saß neben dem Bräutigam, einer blauen Kornblume, die sehr bescheiden wirkte, aber sehr glücklich zu sein schien. Das Paar empfing die Gäste sehr herzlich. Der Rose liefen vor lauter Rührung die Tautränen über die Blütenblätter, was sie noch schöner machte als sie ohnehin schon war.

Dann begann der Ball und alle tanzten die ganze Nacht durch. Nie zuvor war im Lande der Rosen ein so schönes und fröhliches Fest gefeiert worden.

Schnäuzchen
sucht einen Herrn.

Heute morgen ist Schnäuzchen ganz schlechter Stimmung.

In dem Lastwagen, der es in die große Stadt fährt, hängt es seinen traurigen Gedanken nach. Weil Schnäuzchen ein besonders schönes Stierkälbchen ist, wurde es vor allen anderen ausgewählt, um verkauft zu werden. Aber es jammert still vor sich hin: „Ich hatte doch alles, was ich brauchte, Milch, ein gutes Bett aus Stroh und eine große Wiese zum Herumspringen. Warum soll ich jetzt den Bauernhof verlassen und alle meine Freunde?" Der kleine Kerl ist erst zehn Monate alt und sehr, sehr traurig. Dicke Kalbstränen kullern ihm aus den Augen.

Auf einmal fährt der Wagen langsamer. Dann bleibt er stehen. Er ist am Ziel. Man bindet das junge Kalb an einem Zaun fest, direkt neben einem Bullen, der fast so groß ist wie ein Elefant.

„Ich heiße Herkules, Herkules, der Bulle", brüllt der Stier dem kleinen Kalb ins Ohr. Das zuckt vor lauter Schreck zusammen.

Schon ist ein Bauer auf das Kälbchen aufmerksam geworden, aber dann findet er doch, daß es zu traurig aussieht.

Nicht weit weg davon handeln die Bauern und die Viehhändler miteinander. Schnäuzchen, das Kalb, wird allmählich unruhig. Aber als es eine kleine Hand auf seiner Stirn fühlt, hebt es den Kopf.

„Du scheinst aber sehr traurig zu sein", sagt ein kleiner Junge.

Da fühlt das Kälbchen, daß dies gewiß ein Freund ist. Von diesem Augenblick an würde Schnäuzchen alles tun, um dem kleinen Jungen zu gefallen. Es drückt sich an das Kind, das ihm ins Ohr flüstert: „Wenn du zu uns kämest, das wäre fein. Warte einen Moment."

Das Kind läuft durch die Menge davon. Aber im gleichen Moment kommt ein Bauer, der Schnäuzchen, ohne zu handeln, gleich kaufen will.

Das Kalb ist nun ganz verzweifelt. Es zieht an seinem Strick, um davonzulaufen. Da hört es eine Stimme rufen: „He! Das Kalb gehört mir!"

„Zu spät!" antworten der Viehhändler und der Käufer wie aus einem Munde.

Aber der kleine Bernhard gibt nicht auf. Er versucht den beiden Männern zu erklären, daß er und das Kälbchen schon lange Freunde sind. Er will gerne seine Spardose opfern. Schließlich regelt sein Vater das Geschäft.

Da freut sich Schnäuzchen über die Maßen. Jetzt ist alles ausgegangen. „Wir werden uns gut verstehen", flüstert der kleine Bernhard seinem Schützling ins Ohr.

Das Kälbchen folgt seinem neuen

Herrn ohne Widerstand. Sie sind bereits die besten Freunde. Schnäuzchen geht mit ihm durch die Menge. Seine Augen strahlen. Die Leute sind ganz erstaunt, daß der junge Stier so folgsam ist.

Schnäuzchen ist jetzt schon sehr gewachsen. Es lebt in einem kleinen Bauernhaus mitten zwischen den Feldern. Es hat einen gemütlichen Stall. Das Gras, das es den ganzen Tag auf der Weide frißt, ist so zart wie Rosenblätter und frisch wie Tau. Am Abend bekommt es gute Milch zu trinken, die ihm gut schmeckt. Da es seinen jungen Herrn sehr, sehr gern hat, folgt es ihm überallhin. Darüber freut sich Bernhard sehr. Mit seinem gemächlichen Gang begleitet Schnäuzchen den kleinen Bernhard zur Schule und holt ihn auch von dort wieder ab. So etwas hat es in dem kleinen Dorf noch nie gegeben. Als so zahmes Stierkälbchen wird Schnäuzchen regelrecht berühmt. Bernhard findet, daß dies kein gewöhnliches Kalb ist, sondern ein richtiger Freund. Schnäuzchen läßt sich auch vor den Wagen spannen, den sein kleiner Herr fährt. Aber nur von Bernhard, wenn jemand anders das gleiche mit ihm versuchen will, wird es wild und schlägt aus. Später, wenn beide erwachsen sind, werden sie auf dem Feld zusammenarbeiten wie richtige Freunde. Sie sind beide sehr froh darüber.

Tripp, der Frischling.

Es war einmal ein niedlicher, kleiner Frischling, der hieß Tripp. Er sah wirklich sehr hübsch aus mit seinen strammen, braungestreiften Flanken und seinen zierlichen kleinen Hufen. Den ganzen Tag trippelte er in Begleitung seiner Mutter und seiner fünf Geschwister im Walde herum. Mutter Wildschwein grub die Erde mit ihrem kräftigen Rüssel um, weil sie Eicheln und Wurzeln für ihre kleinen Wildschweine finden wollte. Tripp war ein freundlicher, kleiner Wildschweinjunge, der gerne mit anderen zusammen spielte. Sobald er einen Wildhasen oder einen Dachs erblickte, lief er grunzend und voller Freude auf ihn zu. Doch bei dem Anblick der mächtigen Wildschwein-Mama, deren Jähzorn bekannt war, flohen die anderen Tiere, ohne mit Tripp zu spielen. Darüber war der kleine Frischling sehr enttäuscht.

Eines Tages hatte Tripp sich verlaufen. Er ließ das vertraute Unterholz weit hinter sich. Plötzlich befand er sich in einer Lichtung, auf der ein kleines Häuschen stand. Neugierig trippelte der Frischling um den Gartenzaun herum. Da kam er auf eine Sandfläche, auf der sich ein paar rosige, dicke Ferkel tummelten. In einem Steintrog dampfte ein appetitlicher Brei. Da merkte Tripp erst, was er eigentlich für einen Riesenhunger hatte. Er quietschte und stellte sich ungeduldig auf die Hinterläufe.

„Mama", rief eines der kleinen Ferkel, „schau mal, da kommt jemand zu Besuch."

In diesem Augenblick brach der morsche Zaun, auf den Tripp sich mit den Vorderläufen gestützt hatte und der Frischling kullerte in das Gehege, genau zwischen die Pfoten von Mama Schwein. Diese war sehr überrascht, aber sie half dem Kleinen wieder auf die Füße. „Das ist ja ein Frischling!" rief sie, „der Vetter aus den Wäldern. Was machst du denn hier?" Ganz verwirrt ließ sich Tripp auf sein rundes Hinterteil nieder. Dann fing er an, von seinem Mißgeschick zu erzählen.

„Ich habe mich in dem tiefen Wald immer so ein bißchen gelangweilt, weil keiner mit mir spielen wollte. Ich bin hinter einem kleinen Wildhasen hergelaufen. Und jetzt habe ich mich wohl verlaufen, und Hunger habe ich auch."

Bald darauf erkannte man die massige,

151

drohende Gestalt von Mutter Wildschwein, die unruhig geworden war und jetzt ihren kleinen Sohn suchte.

Mit der ganzen Familie kehrte Tripp in den Wald zurück. Tripp war ein wenig müde geworden von seinem Abenteuer. Er nahm sich vor, oft mit seinen Vettern auf dem Bauernhof zu spielen. Er würde wieder dahin zurückkommen. Nun kannte er ja den Weg.

„Nimm dich nur in acht, du leichtsinniger Bengel", schalt seine Mutter, „die Menschen essen unser Fleisch sehr gerne. Der Bauer würde dich für viel Geld an die Gaststätte 'Jägerhof' verkaufen, und da machen sie Wildschweinbraten aus dir."

Tripp nahm sich das sehr zu Herzen und versprach seiner Mutter, nur in der Dämmerung zu dem Häuschen am Waldrand zu gehen. Er wollte davonrennen, sobald er den Bauern erblickte.

Daraufhin lief er bald wieder zu dem Bauernhof.

„Kinder, laßt eurem Vetter aus dem Wald auch einen Platz am Trog", mahnte Mutter Schwein freundlich.

Hm –! So einen guten Brei aus Kartoffeln und Roggen hatte Tripp noch nie gegessen. Als er satt war, spielte er mit den kleinen Ferkeln. Sie rannten und quiekten und machten einen tollen Lärm. Kurz darauf wurde es ganz dunkel.

„Du mußt nachhause, Kleiner", ermahnte Mutter Schwein ihren Gast, „denn bald kommt der Bauer zurück. Der darf dich hier nicht sehen. Folge den Kastanienbäumen am Waldrand und lauf auf dem Weg, wo die großen Wegweiser stehen. Es ist die Straße der Wildschweine, denn sie finden dort ihre Lieblingsnahrung. Deine Mutter ist ganz bestimmt dort und erwartet dich schon."

Tripp verabschiedete sich betrübt von seinen neuen Freunden. Er schlüpfte durch das Loch im Zaun und machte sich schnell davon, über die Wiese zum Waldrand. Bald war er im Dunkel des Waldes verschwunden. Aber morgen würde er bestimmt wieder kommen, um mit den rosigen Ferkeln zu spielen. Das nahm er sich fest vor.

Tibor, der Eisbär.

Überall ist es ganz still – Möwen, Seekrähen und Kormorane schweben ohne einen einzigen Schrei auszustoßen im wolkenlosen Himmel. Die Pinguine gehen spazieren. Dabei halten sie die Flügel ausgestreckt, damit die Sonne ihre Spitzen wärmt. Der arktische Sommer ist nur kurz. Und den wollen die Pinguine genießen. Ein wenig weiter ab liegen Eisbären und Seelöwen auf dem Kieselstrand und schlafen. Auch sie lassen sich die Sonne auf ihre dicken Bäuche scheinen. Mama Eisbär möchte am liebsten ins Meer springen, denn gerade hat sie einen Schwarm Schellfische entdeckt, und sie ist sehr hungrig.

„Pingo, komm doch mal bitte her", ruft sie ihrem Freund, dem Pinguin, zu. „Bist du so nett und paßt auf meinen kleinen Tibor auf, solange ich weg bin? Ich wäre dir wirklich sehr dankbar. Aber paß wirklich gut auf. Er hat nichts wie Unfug im Kopf!"

Der kleine Eisbär schläft ganz fest und der Babysitter-Pinguin wirft nur manchmal einen Blick zu ihm hinüber. Und weil der Eisbärjunge so gut schläft, denkt der Pinguin, er kann mal eben hinüberlaufen zu den Eskimojägern, die eben mit ihren Kajaks an Land gepaddelt kommen. Pingo hat nämlich seinen Freund, Yakohoua, unter ihnen entdeckt, der gerade zu ihm hinüberwinkt.

Pingo freut sich ihn wiederzusehen. Er mag den Eskimo mit dem breiten Lächeln und den lustigen schwarzen Augen gerne. Yakohoua ist ein großer Jäger, aber er jagt nur, wenn er selbst was zu essen braucht, nicht um seine Beute zu verkaufen und Geld daran zu verdienen. Die beiden alten Freunde begrüßen sich fröhlich, und Pingo vergißt darüber ganz sein Versprechen.

Die Zeit vergeht schnell. Und als Yakohoua wieder vom Ufer abstößt, entdeckt Pingo voller Schrecken, daß der kleine Tibor weg ist. Vor lauter Entsetzen fängt Pingo so laut zu schreien an, daß alle Tiere aus dem Schlaf hochfahren: „Tibor ist nicht mehr da. Tibor ist weg. Was wird Mama Eisbär sagen? Helft mir, helft mir, ihn wieder zu finden, bevor sie zurückkommmt!"

Alle helfen suchen, obwohl sie noch ganz verschlafen sind und kaum die Augen aufkriegen.

Die Pinguine laufen in alle Richtungen und schlagen heftig mit den Flügeln, um den Ausreißer herbeizurufen. Tausende von Pinguinen suchen das Packeis ab. Weit und breit hebt sich ihr schwarz-weißes Gefieder vom bläulichen Weiß des Eises ab. Auch die Bären beteiligen sich. Tolpatschig trotten sie einher, um ihren Freunden suchen zu helfen.

Sogar die Seelöwen vergessen ihre Faulheit und setzen sich mühsam in Bewegung, um hinter den Eisbären herzurobben.

Die Vögel beobachten den Strand von oben. Die Luft ist voll von ihrem Geflatter. Keiner der Packeis-Bewohner bleibt müßig. Es herrscht überall große Aufregung, wo doch sonst ihr Leben so ruhig abläuft. Die Jagd der Eskimos ist zu Ende. Die Kajaks sind randvoll von Robbenfleisch, das die Jäger nun in der Sonne trocknen lassen werden. Es ist ihr Vorrat für den langen Winter, der bald einbrechen wird. Die Eskimos paddeln ganz

vorsichtig, damit ihre wertvolle Ladung nicht ins Meer fällt. Yakohoua paddelt dicht am Strand entlang, um seinem Freund Pingo noch einmal zuzuwinken:

„Was ist denn mit euch los?" ruft er den flatternden Pinguinen zu. Die sind ganz furchtbar aufgeregt, und einer schreit immer lauter als der andere, so daß man kein Wort versteht.

„Fahren wir hin. Vielleicht können wir ihnen helfen", schlägt Yakohoua vor.

Die Eskimos fahren auf den Strand. Aber sie haben Mühe zu verstehen, um was es geht.

„Mama Bär hat ihr Kleines dem Pingo anvertraut. Er sollte darauf aufpassen. Aber der dumme Kerl hat das zwischendurch vergessen", rufen die Pinguine durcheinander.

Jetzt fangen auch die Jäger an, mitzusuchen. Ihre schön gestickten bunten Kleider leuchten zwischen den dunklen Farben der Pinguine und Seelöwen.

Allmählich werden alle sehr müde und ganz still. Alle möchten sich ein wenig ausruhen. Mama Eisbär ist noch ganz weit weg. Sie hat keine Ahnung, was da vorgeht. Das ist ein Glück. Denn sie kann sehr unfreundlich werden, auch zu denen, die sie mag.

Nur Pingo kann sich nicht beruhigen. Er weint und schluchzt ganz laut: „Ich bin erledigt! Ich bin fix und fertig! Was soll bloß werden?" Und er läßt sich verzweifelt auf einen Schneehaufen fallen. Aber was ist das? Der Schneehaufen ist ja ganz warm? Er bewegt sich, schüttelt sich sogar, und der heulende Pingo wird dabei zur Seite geschleudert. Er fällt mit dem Schnabel voran in den eiskalten Schnee. Aber diesmal in richtigen Schnee!

Nanu!

„Was machst du denn da, Pingo?" fragt ein Stimmchen. Hat der Schneehaufen gespro- chen?

Aber es ist der kleine Bär, der bloß mal aufgestanden ist und sich woanders hingelegt hat. Er hat genau wie alle anderen sein Mittagsschläfchen gemacht.

„Warum weckst du mich denn?" fragt der kleine Tibor weinerlich. „Ich habe so schön geschlafen, kannst du denn nicht aufpassen? Ich bin doch kein Sessel, auf den man sich einfach draufsetzt. Das macht man doch nicht!"

Pingo hat im gleichen Augenblick seinen ganzen Kummer vergessen. Jetzt ist er plötzlich wütend:

„Du bist vielleicht gut, versteckst dich und wühlst dich in den Schnee, damit wir dich alle wie verrückt suchen. Dabei schläfst du ganz seelenruhig und hörst nicht, wie wir dich rufen! Und dann machst du mir auch noch Vorwürfe!"

Aber da kommt gerade Mama Eisbär angetrabt. Sie hört sich an, was vorgefallen ist und sagt dann zu Pingo: „Wenn du eine Arbeit übernimmst, mußt du auch tun, was du versprochen hast. Spielen und schwätzen kannst du später." Aber auch Tibor bekommt seinen Teil Schelte: „Was dich anbelangt, mein Sohn, so traue ich dir nicht. Ich weiß, daß du lauter Unfug im Kopf hast. Bestimmt wolltest du dem armen Pingo einen Streich spielen. Das ist gar nicht lieb!"

So endete das kleine Abenteuer, das an einem schönen Arktis-Sommertag die Bewohner des Packeises so in Aufruhr versetzte.

Jetzt läuft jeder beruhigt davon, um schnell sein Nachmittagsschläfchen fortzusetzen.

156

Es ist Frühling!

Eins, zwei, drei, vier, fünf Paar grüne Füße klammern sich an den größten Zweig eines blühenden Baumes. Das ist Ophelia, die grüne Raupe. Sie ist dick und glänzend. Aber trotz ihrer hübschen grünen Farbe wagt es niemand, sich ihr zu nähern. Sie fühlt sich einsam. Traurig überläßt sie sich ihrer plötzlichen Müdigkeit. Sie hat nur noch Zeit, ihre Fäden auszuwerfen, damit daraus das Kokon wird, das wie eine kleine enge Wiege ist, in die sie hineinkriecht und ganz erschöpft fest einschläft. Nach einigen Tagen sind ihre wenigen Freunde in Sorge. „Ob sie wohl tot ist?" fragen sie sich.

Aber nein, es ist ja Frühling und alles Leben erwacht.

Eines guten Tages wacht Ophelia wieder auf und bemüht sich, aus ihrem engen Schlafgemach herauszukommen. Das kostet einige Anstrengung und dauert stundenlang. Aber dann hat sie ihre Freiheit wieder. Unter den verblüfften Blicken ihrer Freunde kann sie endlich die beiden riesengroßen bunten Flügel auf ihrem Rücken strecken und bewundern lassen. Sie öffnet sie und klappt sie wieder zu. Sie ist selbst ganz überrascht von ihrer Verwandlung. Sie ist nicht mehr Ophelia, die scheußliche, fette grüne Raupe, sie ist eine wunderschöne, vielfarbige Schmetterlingsdame geworden.

Rik und Rak.

Rik, der Wildhase, beendet seine Morgentoilette. Dann frühstückt er. Es gibt Karotten, Kohlblätter und Rosmarien. Dann macht er sich voll guter Laune auf den Weg, um Abenteuer zu erleben. Er stromert durch die von Lavendel und Majoran duftende Heide. Plötzlich bleibt er vor einer kleinen Fellkugel stehen, die am Fuße eines Olivenbaumes eingeschlafen zu sein scheint. Es sieht ganz so aus, als sei dies der Fuchs. Brr! Rik begegnet dem Fuchs gar nicht gerne.

Gerade will er flüchten, da bemerkt er, daß zwei große, schwarze Augen ihn erstaunt betrachten:

„Guten Tag, wer bist du?" fragt eine schmeichelnde, leise Stimme.

„Ich – äh – ich bin Rik. Und du?"

„Ich heiße Rak und bin ein Wüstenfuchs."

„Ach, du bist kein gewöhnlicher Fuchs? Das freut mich aber."

„Ich weiß, daß ich meinem Vetter, dem Rotfuchs, sehr ähnlich sehe. Aber ich wohne in der Sahara. Da hat man mich gefangen. Doch auf der Herfahrt hat sich mein Käfig geöffnet. Da habe ich mich aus dem Staub gemacht und bin auf und davon. Ich laufe schon seit ein paar Tagen hier

herum. Ich habe Hunger und bin todmüde."

„Komm mit mir. Ich werde dich mit meinen Freunden bekanntmachen. Und dann machen wir einen Besuch bei Mami", schlägt Rik vor.

„Wer ist Mami?"

„Das ist eine sehr liebe Großmutter. Sie verwöhnt mich immer, wenn ich sie besuche. Sie wird sich deiner annehmen."

Die beiden neuen Freunde machen sich zusammen auf den Weg. Der Himmel ist so blau wie auf einer Postkarte. Die heiße Augustsonne sendet ihre Strahlen zur Erde hernieder. Es ist eine ziemlich öde Gegend, in der unser kleiner Wildhase lebt.

„Hier sieht es fast so aus, wie bei mir zuhause", ruft Rak aus, „aber die Luft duftet hier. Bei uns tut sie das nicht. Da ist es nur heiß. Und was ist das hier für ein merkwürdiges Geschrei überall?"

„Das sind die Grillen und die Heuschrecken. Sie singen ihr Sommerlied. Das ist ein Zeichen dafür, daß sie sich wohlfühlen."

Sie entdecken noch allerlei und begegnen allen möglichen Tieren. Schließlich kommen sie vor Mamis Haus an, einem weißen kleinen Haus, über und über bedeckt von blühenden Rankenblumen.

159

Mami empfängt sie voller Freude, denn sie bringen Abwechslung in ihre Einsamkeit. Liebevoll betrachtet sie den kleinen Rak. Sie bewundert die Mandelaugen des kleinen Wüstenfuchses, seine Riesenohren und sein weiches, honigfarbenes Fell.

„Kommt, wir wollen erst einmal essen, ihr Lieben", sagt sie freundlich, „dann könnt ihr mir eure Abenteuer erzählen."

Rak freut sich über die große Schüssel mit Milch und fängt an zu erzählen: Wie er gefangen wurde, wie er lange in einem Dampfer gefahren ist, der Zwischenfall mit dem offenen Käfig, seine Flucht und seine Begegnung mit Rik.

„Das ist ja alles gut und schön", sagt Mami und denkt angestrengt nach, „du kannst mit Rik und seinen Freunden gut zusammenleben. Aber was wird im Winter? Er ist kälter als in deiner Sahara-Oase."

„Was soll ich denn bloß machen?" seufzt Rak, „ich will doch nicht mein Leben lang im Zoo eingesperrt sein."

„Davon ist ja nicht die Rede", unterbricht Mami ihn sanft, wenn du mir Gesellschaft leistest, werde ich dich während des Winters schön im Warmen halten."

Diesen Vorschlag nimmt Rak voller Freude an. Er lebt glücklich zusammen mit der alten Dame. Rik kommt jeden Morgen zu Besuch und die drei verbringen eine wunderschöne, ruhige Zeit miteinander.

160

Der kleine Schneehase.

An einem schönen Frühlingstag, an dem die Sonne wieder wärmer zu scheinen beginnt, kommt Loli, das Schneehäschen, mit vier Brüdern zusammen auf die Welt.

In dem warmen Nest aus Gras und Blättern sitzt ihre Mama. Sie liebkost ihre neugeborenen Kleinen und gibt ihnen Milch zu trinken.

Loli drückt sich eng an das warme Fell seiner Mama. Jetzt ist der kleine Schneehase erst so richtig glücklich.

„Kommt alle herbei und seht meine goldigen Kleinen an", ruft Mama Schneehase. Der Himmel über den beschneiten Bergen ist ganz herrlich blau.

Als die Häschen etwas größer geworden sind, drängeln sie sich, um auch einmal aus dem Bau herauszukommen. Wie schön ist es, sich in der Sonne zu strecken und unter Gänseblümchen herumzutollen. Loli, der kleine Schneehase, findet, daß die Welt einfach großartig ist. Loli atmet tief die frische Bergluft ein und schnüffelt an den jungen Enzianen.

Als der Sommer kommt, spielen die jungen Schneehasen unter den Rhododendronbüschen Verstecken und erholen sich im Schatten einer großen Tanne von ihren wilden Spielen.

Aber als der Herbst kommt, hört man schreckliche Geräusche vom Gebirge herunterschallen: Peng, Peng, Peng!

„Mama, was ist das?" fragt Loli.

„Das sind die Jäger. Schnell, rettet euch in unseren Bau!"

Als der Winter die Berge mit Schnee bedeckt, und alles, auch die grünen Tannen, ganz weiß macht, schauen sich die kleinen Schneehasen verwundert an.

„Mama", schreit Loli, „ich erkenne mich selbst gar nicht mehr!"

„Das macht nichts", beruhigt ihn Mutter Hase, „du hast jetzt ein schönes ganz weißes Fell. So werdet ihr jeden Winter sein, damit ihr euch bei Gefahr besser verstecken könnt."

„Prima", ruft Loli, „da bin ich aber froh. Und ich finde mich auch sehr schön so."

„Das bist du auch", sagt die Mama, „aber paß trotzdem auf dich auf!"

Loli läuft nur zu gerne durch den Schnee, springt über die Felsspalten und schlittert auf dem Eis.

„Das macht Spaß", schreit der kleine Hase vergnügt. Aber da erscheint plötzlich Heidi auf Skiern. Bums, fällt sie in den Schnee und hält die Skier in die Luft.

Loli sitzt unter der Tanne und lacht: „Ich rutsche auch den Berg hinunter, aber auf meinen eigenen Pfoten." Und – jups! Da fährt Loli auch schon den Abhang hinunter.

Eines Tages dreht sich Loli im Kreise auf dem Eis. Da erhebt sich ein großer, schwarzer Schatten in den blauen Himmel und kommt rasch näher.

Loli hebt den Kopf und flieht.

Der große Schatten fährt auf den Boden hernieder.

„Oh", sagt Loli für sich, „ein Adler."

Hopp, Loli läuft mit aller Kraft und schlägt plötzlich einen Haken. Am Himmel schlägt der große Vogel mit den Flügeln und dreht sich auch sofort um. Loli sieht auf dem weißen Schnee den großen Schatten direkt über sich.

Schneller, schneller, Loli!

Loli fühlt wie sein kleines Herz in seiner Brust rast. Er setzt über eine Felsspalte hinweg und noch über eine und preßt sich an einen Felsen. Aber der Schneeadler hat den kleinen Schneehasen mit seinen scharfen Augen schon erspäht und fährt auf ihn herab.

Peng!

Aber Loli ist schlau. Er schlüpft in eine tiefe Felsspalte, duckt sich und bewegt sich nicht mehr.

Der kleine Schneehase ist gerettet.

Uff! Er hat schreckliche Angst gehabt. Und wie glücklich ist er jetzt. Er sieht durch den engen Felsspalt ein kleines Stück blauen Himmel in dem ein weißes Schneewölkchen zieht.

Bruno und die Welt der Menschen.

Bruno, der kleine tolpatschige Bär mit dem zerzausten Fell und den blanken, neugierigen Augen, ist ein lieber kleiner Kerl. Er lebt mit seiner Mama in einer Höhle am Waldrand. Aber an diesem Sommerabend ist es so stickig warm in der Höhle, daß der kleine Bär sich auf und davon macht, hinaus in die kühle Nachtluft. Und da sieht er plötzlich die Lichter der Stadt von weitem. Sie funkeln wie tausend Sterne. Auf einmal erinnert sich Bruno an die Geschichten, die ihm der alte Waldbär erzählt hat: „In der Welt der Menschen gibt es ganz tolle Sachen, die wir Bären uns überhaupt nicht vorstellen können…"

Das, was da hinten flimmerte, schien so etwas Tolles zu sein. Ich möchte es mir mal ganz von nahem ansehen, denkt Bruno. Der kleine Bär hat seiner Mama versprochen, nicht einfach wegzurennen, ohne vorher zu fragen. Aber daran denkt er nicht mehr, als er jetzt lostrottet, geradewegs auf das Glitzern zu, das ihn so neugierig macht.

Es dauert nicht lange, da erreicht er die Stadt. Aber die Straßen sind alle menschenleer. Alle Leute sind jetzt zuhause beim Abendbrot. Aber die Schaufenster in den vielen Geschäften sind hell erleuchtet. Das findet Bruno sehr schön. Er bleibt stehen und sieht sich alles genau an.

So schöne Spielsachen gibt es da. Und wie lecker sieht das aus, was er im Schaufenster der Metzgerei sieht. In einem anderen Laden sind

163

schicke Kleider ausgestellt, und im nächsten bequeme Möbel. Wie herrlich muß es sein, in solch einer Stadt zu wohnen und so schöne Sachen zu haben, denkt der kleine Bär.

An einer Straßenecke bleibt Bruno stehen. Erstaunt sieht er, wie da, kurz vor ihm, ein armer, alter Bär tanzt. Immer hin und her, von einem Fuß auf den anderen. Er bewegt sich nach dem Takt eines Tamburins, das ein kleiner Bub in die Luft hält und schüttelt. Ein Mann steht daneben. Er hat böse Augen und schwingt eine Peitsche. Der arme Tanzbär sieht komisch aus. Er hat eine karierte Jacke an und einen verknautschten Hut auf dem Kopf mit einer verwelkten Blume daran. Und immer wieder stolpert der alte Bär bei dem Hin- und Hertanzen. Bestimmt ist er ganz furchtbar müde, denkt Bruno. Der fremde Bär tut ihm schrecklich leid. Da hebt der Mann auch schon die Peitsche und zieht sie dem Tanzbär über den Rücken.

Wütend schreit der kleine Bruno: „Schnell, lauf weg, zurück in den Wald!"

„Schau doch her, ich kann ja gar nicht", antwortet der alte Bär traurig und zeigt auf die Kette, die um seine Hinterpfote festgemacht ist.

Bruno tut vor lauter Mitleid das Herz weh. Er möchte den armen Gefangenen so gern mitnehmen und ihm zeigen, wie schön es ist, frei zu sein. Der böse Mann hat Bruno jetzt entdeckt und ruft dem kleinen Jungen zu:

„Guck mal, da ist ein wilder kleiner Bär. Der hat sich verlaufen. So ein Glück. Den müssen wir einfangen. Dann stecken wir ihn in einen Käfig und bringen ihm das Tanzen bei. Er kriegt eine von meinen alten Jacken und kommt mit auf den nächsten Jahrmarkt. Mach schnell – los! Halt ihn fest!"

Bruno schüttelt sich vor Entsetzen: Mit einer angeketteten Pfote tanzen und mit einer ekligen alten Jacke bekleidet in einem Käfig eingesperrt sein! Davor stehen Leute und machen sich über mich lustig! Und dann auch noch gepeitscht werden! Nie mehr in Freiheit sein. Oh nein – niemals! denkt der kleine Bär und läuft ganz schnell davon.

Später wird Bruno sicherlich noch einmal in die Stadt mit den vielen Lichtern zurückkommen. Andere Tiere aus dem Wald werden ihn begleiten, um den armen, alten Bären, der so viel leiden und jammern muß, zu befreien und ihn zu den anderen Bären zurückzubringen.

Aber das wird eine andere schöne Geschichte. Denn die Tiere des Waldes erleben immer die tollsten Geschichten.

Anua, der Gepard.

Paul läuft langsamer. Noch ein paar Schritte und er fällt in den Schatten eines Baumes. Sein Herz schlägt wie wild in seiner Brust, wie er da im roten Staub des Weges liegt. Der Schweiß rinnt von seiner braunen Stirn. Er schnauft und füllt seine Lungen mit Luft. Anua, der Gepard, hat ihn eingeholt. Er rennt nicht richtig, er trabt nur und ist ganz frisch und gar nicht müde.

„Du bist aber schnell", lacht Paul noch ganz außer Atem.

„Klar doch", sagt Anua, der Gepard, „mein ganzer Körper ist doch so gebaut, daß ich gut rennen kann. Ich muß die Gazellen verfolgen, die auch sehr schnell sind und ich muß vor meinen Feinden fliehen. Warum willst du es mir gleich nachmachen? Ich werde doch immer gewinnen."

„Bist du ganz sicher", fragt Paul verschmitzt, „ich hab da so eine kleine Idee."

Gleich am nächsten Morgen, ganz früh, bevor die große Hitze beginnt, geht der kleine Junge zu seinem Freund Pepua, dem Safari-Fahrer und bittet ihn, einen Landrover besteigen zu dürfen.

Mit Pepuas Erlaubnis klettert Paul auf einen Wagen, ohne vorher nachzufragen, in welcher Richtung er fährt.

Anua läuft mit voller Kraft. Er ist sehr überrascht, von Paul überholt zu werden. Der steht da und klatscht lachend in die Hände. Aber Anua versteht Spaß. Er rennt hinter dem Landrover her und tut so als ob ihm das Mühe machte. Paul sieht sich bereits als Sieger.

Aber was ist das? Zu seinem Erstaunen sieht er Anua vor sich in einer Staubwolke verschwinden. So viel Paul auch bittet, der Fahrer hört ihn nicht und fährt einfach weiter. Todmüde, schweißbedeckt und völlig erschöpft findet Paul Anua einige Stunden später im Schatten eines Baumes, wo sich der Gepard ganz gemütlich niedergelassen hat.

„Na, das war was! Ich habe vielleicht Angst gehabt. Aber wenn alles geklappt hätte, wäre ich Sieger gewesen. Wir müssen es noch einmal versuchen."

„Du bist ein Bengel", sagt Anua, „immer mußt du das letzte Wort haben."

Die Kuh und der Fuchs.

Eine große, dicke bunte Kuh weidete unter einem Apfelbaum. Ein junger Fuchs kam vorbei.

„Hallo, meine liebe Freundin", rief der Fuchs, „wie wäre es, wenn wir zusammen ein Feld bestellen würden? Ich würde dir helfen zu pflügen, zu säen und zu ernten. Da gibt es gar nichts zu diskutieren. Du könntest von der Ernte all das haben, was unter dem Boden wächst, und ich würde das nehmen, was über der Erde wächst."

„Ja, gerne", erwiderte die Kuh.

So ziehen sie jetzt den Pflug. „Oh, wie mühsam ist das doch", sagt der Fuchs, „ich lasse dich lieber allein ziehen. Meine Ratschläge werden dir ohnehin nützlicher sein."

Die Kuh fand, daß der Fuchs sich schnell entmutigen ließ, aber sie fuhr fort, alleine weiterzuarbeiten. Sie säte auch allein und jätete das Unkraut allein.

Der Fuchs saß auf seinem Allerwertesten und beobachtete, wie sie schuftete. Dabei überlegte er, wieviel Geld ihm die Ernte bringen würde. Von Zeit zu Zeit rief er der Kuh zu: „Sei guten Mutes, liebe Freundin, mach nur schön weiter so!"

Als die Erntezeit herankam, rannte der Fuchs los und suchte einen großen Wagen. Den fand er auch und fuhr damit zum Feld.

„So", meinte er, „jetzt wollen wir uns die Ernte teilen. Alles was über der Erde wächst gehört mir, und alles was im Boden ist, gehört dir. So war es ja abgemacht."

„Gerne", antwortete die Kuh, „ich habe Kartoffeln gesetzt. Du kannst die Blätter mitnehmen. Ich grabe mir dann schon die Knollen aus."

Und der Fuchs mußte zusehen, wie die Kuh davonfuhr mit einem Wagen voller Kartoffeln, während er neben einem Haufen Kraut stand, das gerade gut genug für die Kaninchen gewesen wäre.

„Verflixt noch mal!" sagte der Fuchs leise, „die Kuh hat mich hereingelegt, aber warte nur! Du kommst auch noch dran!"

Als die Kuh mit einer großen Tasche voll Geld vom Markt zurückkam, wartete der Fuchs unter einem Apfelbaum auf sie.

„Hallo, liebe Freundin", sagte er, „nett, dich wieder einmal zu sehen. Ich habe wirklich gerne mit dir zusammen gearbeitet. Wollen wir das nicht gleich wiederholen? Aber diesmal bekomme ich alles, was in der Erde wächst und du alles, was über der Erde wächst."

„Von mir aus", sagte die Kuh. Und sie zog den Pflug, säte, hackte, jätete Unkraut, während der Fuchs sich ins Gras legte und der Kuh bei der Arbeit zuschaute.

„Nur Mut", rief er zu ihr hinüber und knabberte dabei an einem Gänseblümchen.

Als die Zeit der Ernte gekommen war, erschien der Fuchs mit drei großen Wagen.

„Du erinnerst dich doch an unsere Abmachung?" sagte er. „Alles was über der Erde wächst bekommst du, und alles unter der Erde bekomme ich."

„Aber natürlich", antwortete die Kuh, „in

169

diesem Jahr habe ich Weizen gepflanzt. Du kannst die Wurzeln nehmen. Ich behalte die Ähren."

Und die Kuh fuhr mit den drei großen Wagen voller Körner weg, während der Fuchs auf dem leeren Feld herumtobte vor lauter Wut.

„Diese Kuh hat sich zweimal über mich lustig gemacht", sagte er wütend. „Aber so wird es nicht weitergehen. Ich werde ihr zeigen, daß die Füchse die Schlaueren sind!"

Als die Kuh dieses Mal wieder vom Markt zurückkam, die Tasche voller Geldscheine, erwartete sie der Fuchs schon unter dem Apfelbaum.

„Diesmal", sagte er zornig die Zähne fletschend, „werde ich alles nehmen, was auf der Erde wächst und was unter ihr wächst."

„Meinetwegen", sagte die Kuh.

Und wißt ihr, was sie diesmal pflanzte? Einen Apfelbaum. Denn die Äpfel wachsen nicht unter der Erde, aber auch nicht direkt über der Erde. Sie wachsen in der Luft. Und so biß die Kuh kräftig in die Äpfel, direkt dem Fuchs vor der Nase. Sie war stolz, daß sie bewiesen hatte, daß Füchse keineswegs schlauer sind als Kühe.

„Ach", sagte der Fuchs ärgerlich, „Landwirtschaft geht über meinen Verstand. Ich werde nie mehr mit einer Kuh arbeiten", fauchte er, denn er schämte sich schrecklich.

Dann ging er wieder in den Wald, um nur noch Kaninchen zu jagen.

Karlchen hat einen Freund gefunden.

Karlchen ist ein Kater, aber ein ganz besonderer Kater, und das weiß er auch genau. Karlchen ist ein prächtiger Perserkater, der vor allem seinem kleinen Herrn, Oliver, gefällt.

Aber Karlchen ist unausstehlich, denn er glaubt, daß ein Luxuskater wie er auch einen schlechten Charakter haben darf. Er geniert sich gar nicht, recht abscheulich zu sein.

„Was? Es ist zwölf Uhr und mein Mittagessen ist noch nicht serviert? Das ist ja unvorstellbar!" Er ist schlechter Laune und tut, als wäre er ein König.

Dennoch kümmert sich Oliver sehr um ihn. Zum Beispiel stellt er jetzt einen gehäuften Teller mit warmer Pastete vor ihn hin.

Ich werde das essen, wann ich es für richtig halte, denkt Karlchen. Aber schließlich ißt er das Gericht doch, wie ein Feinschmecker, denn er ist ein welterfahrener Kater. Man ist entweder eine Perserkatze oder nicht, und Adel verpflichtet, nicht wahr?

Wenn er sein Essen beendet hat, kehrt Karlchen auf leisen Pfoten zu dem Samtsessel zurück, der ihm als Thron dient. Dort läßt er sich nieder und leckt seine Pfoten.

Aber plötzlich glaubt Karlchen seinen Augen nicht zu trauen. Direkt vor ihm, vor dem Fenster, schaut ein ganz gewöhnlicher Kater mit großen gelben Augen ihm direkt ins Gesicht.

Das ist wohl die Höhe! denkt Karlchen empört, was macht dieser Kerl in meinem Garten?

Mit gesträubtem Barthaar, vorgewölbten Augen und aufrecht stehendem Nackenhaar stürzt er ans Fenster. Er ist wütend und zeigt es sehr deutlich. Der arme Hauskater flüchtet, ohne erst lange Fragen zu stellen.

Jedoch am nächsten Tag ist er wieder da. Wieder schlägt Karlchen den Eindringling in die Flucht. Und ist stolz darauf. Dieser

Vorfall wiederholt sich mehrere Tage.

An einem schönen Nachmittag, an dem es draußen schön nach Frühling riecht, beschließt Karlchen, spazieren zu gehen. Er will die Maulwürfe, die in der Böschung wohnen, ein bißchen erschrecken. In seiner Hast beachtet er die beiden Männer nicht, die da stehen. Ihre Gesichter sind gar nicht freundlich, und sie betrachten den schönen Kater voller Interesse.

„Das ist ein blauer Perser", sagt der eine, „der kostet eine Menge."

„Na", sagte der andere erfreut, „dann fangen wir ihn gleich." Er legt seine große Hand dem Kater auf den weichen Rücken. „Miau, Miau!" schreit Karlchen voller Angst und versucht, zu flüchten. Er ahnt, daß dies für ihn schlecht enden wird. Jedoch ist noch nicht alles verloren. Denn plötzlich schreit der Mann, der Karlchen gepackt hielt und läßt ihn los.

Karlchen schaut erstaunt um sich. Wer ist ihm zur

172

Hilfe gekommen? Aber da erhält er auch schon die Antwort auf diese Frage, und nun ist er völlig verblüfft: Sein Retter ist niemand anders als dieser magere, gewöhnliche Hauskater. Als er sah, daß der Perser in Gefahr war, hatte er nicht gezögert, dem Mann auf die Schulter zu springen, der Karlchen gefangen hatte und ihm das Gesicht zu zerkratzen.

„Miau, ich danke dir", sagt Karlchen lächelnd zu seinem neuen Freund. „Ich verdanke dir gewiß mein Leben. Willst du mich nachhause begleiten?"

Der einfache Hauskater glaubt nicht richtig zu hören. „Miau, das freut mich aber", sagt er und gibt Karlchen die Pfote. Die beiden bösen Männer sind schnell davongelaufen, erstaunt über die Wendung, die die Dinge genommen haben und wütend, daß ihnen der Fang nicht gelungen ist.

Sie machen sich gegenseitig Vorwürfe: „Du bist schuld", sagen sie einer zum anderen.

Inzwischen macht Oliver sich Sorgen. Er liegt auf dem Wohnzimmerteppich und überlegt, wohin der Perserkater wohl gegangen ist. Vergeblich hat er ihn schon mehrmals gerufen. Vielleicht geht er in der Umgebung spazieren? denkt er. Plötzlich reißt ihn ein Miauen aus seinen Gedanken. Karlchen tritt, gefolgt von seinem neuen Freund, ins Zimmer.

„Was soll denn das?" ruft Oliver erstaunt und schaut den unerwarteten Besucher an. „Es ist mein Freund", erklärt Karlchen und wird ein wenig rot, „er hat mich aus den Klauen der Tierfänger gerettet. Er ist sehr nett."

„Nanu", sagt Oliver erfreut, „du bist ja auf einmal liebenswürdig, Karlchen." Er bietet den beiden ein gutes Essen an, worüber sich der hungrige kleine Hauskater ganz besonders freut.

„Ich glaube, du hast immer viel Hunger gehabt", stellt Oliver fest, indem er den Kater in seine Arme nimmt und streichelt. „Wir werden dich behalten, wenn du willst."

Der Kater nimmt diesen Vorschlag zu Karlchens großer Freude an. „Wir werden immer Freunde bleiben", verspricht er und schnurrt.

„Ich bin froh, daß du so freundlich bist", sagt Oliver.

Von nun an teilen sich Karlchen und sein neuer Freund den großen Sessel.

„Die Schönheit ist nichts, die Freundschaft ist alles", miaut Karlchen.

Magst du mit mir spielen?

Nestküken trippelt über den Hühnerhof. Es hat seine kleinen blanken Äugelchen überall, um was Schönes zu entdecken. Aber als es am Ententeich ankommt, jagen die Enten es mit lautem Geschnatter davon. Der große schöne Gockel rennt es um, ohne es zu sehen. Die jungen Hühner interessieren ihn mehr als die kleinen Küken. Selbst Mutter Henne ist in Eile und stößt es zur Seite.

Der Hofhund knurrt, weil Nestküken ihn am Bart gekitzelt hat. Die Katze verfolgt das kleine Küken, nur so aus Spaß. Aber da wird es Nestküken zuviel. Es läuft weg von dem großen Bauernhof, weit weg von all den herzlosen Tieren.

Im Dorf, in der Nähe des Weihers, ruht sich Nestküken ein wenig in der Sonne aus, als plötzlich ein schönes, schillerndes Tier herangeflogen kommt.

„Wie schön bist du!" ruft Nestküken begeistert. „Du hast so schöne Farben auf den Flügeln. Wer bist du?"

„Ich bin eine Libelle", antwortet ein zartes Stimmchen.

„Ach liebe Libelle, magst du wohl mit mir

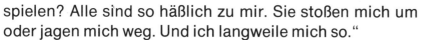

spielen? Alle sind so häßlich zu mir. Sie stoßen mich um oder jagen mich weg. Und ich langweile mich so."

„Was können wir schon zusammen spielen, kleines Küken? Bockspringen? Wettrennen? Fangen?" Die Libelle schüttelt den Kopf. „Schau mal, Nestküken. Dabei würde ich doch immer gewinnen. Das lassen wir lieber bleiben. Aber weil du bunte Farben so magst, will ich dir das Malen beibringen."

Jeden Tag kommt Nestküken jetzt zum Weiher. Dort wartet schon die Libelle, um ihm Malstunde zu geben. Sie bringt dem kleinen Küken bei, daß man mit vier Farben, Rot, Blau, Gelb und Schwarz, eine Unzahl von Farben mischen kann.

Von jetzt an braucht Nestküken die anderen nicht mehr zum Spielen. Es vergnügt sich ganz allein mit seinem Malblock und seinen vielen Pinseln und Farben.

Mathilde träumt von Flucht.

Mathilde, Peters Schildkröte, langweilt sich ganz allein im Garten. Seit Tagen träumt sie von Flucht, aber bisher hat sie noch kein Loch im Zaun entdecken können.

Ihre Freundinnen, die Blumen, können sie nicht mehr zerstreuen. Sogar der Duft, der von den Blumen ausgeht, fällt der Schildkröte auf die Nerven.

Doch eines schönen Morgens ist die Gartentür offen geblieben. Mathilde nutzt die Gelegenheit und schleicht sich hinaus. Fröhlich trippelt sie den Weg entlang – es lebe die Freiheit! Aber plötzlich, als sie über die Straße gehen will, passiert etwas Schreckliches. Sie stolpert, fällt hin und rollt in die Rinne. Sie liegt jetzt auf dem Rücken. Arme Mathilde. Geduldig wartet sie, ob jemand ihr zur Hilfe kommt. Wer wird sie befreien? Da erblickt sie der kleine Peter. Er kommt angerannt, weil er weiß, daß Schildkröten nicht lange in dieser Haltung leben können. Vorsichtig dreht er sie um. Er streichelt ihren Rücken und bringt sie wieder in den Garten zurück. Dort gibt es keine Gefahren für Schildkröten. Mathilde bleibt lieber bei Peter und ihren Freundinnen, den Blumen.

Ronni hat einen Herrn gefunden.

Es regnet. Ronni sitzt auf dem Gehsteig und heult, weil er allein ist. Sein schönes Fell ist mit Schlamm beschmutzt.

Christine, die gerade aus der Schule kommt, ruft ihren Bruder herbei: „Erich, komm mal her, schau mal den kleinen Hund an. Er ist ganz schmutzig, und er muß wohl frieren, der Arme!"

Die beiden Kinder würden Ronni gerne mit nachhause nehmen, aber Papa will keine Tiere im Haus. Was tun?

Der kleine Hund sieht so traurig aus. Christine und Erich laufen los, denn ihre Mutter wird sich schon ängstigen. Sie lassen Ronni zurück, sein Herrchen wird ihn wohl suchen.

Sie kommen zuhause an, und als Christine das Gartentor aufmacht, fühlt sie, daß etwas an ihren Beinen vorbeistreicht und sie fast zu Fall gebracht hätte.

Der kleine Hund! „Erich, er ist hinter uns hergelaufen. Was sagen wir Papa?"

„Du, ich habe eine Idee."

Die Kinder bringen Ronni schnell in den hinteren Teil des Gartens. Dort steht eine kleine Hütte, wo Papa die Gartengeräte aufbewahrt.

„Wir wollen ihn dort verstecken und ihm immer was zum Fressen bringen."

Christine legt Ronni auf einen Haufen alter Lumpen. „Bleib schön ruhig", sagt sie zu dem kleinen Hund, „erwarte uns hier, sei brav. Wir kommen gleich wieder."

Sie laufen ins Haus zurück, wo ihre Mutter mit dem Abendessen auf sie

177

wartet. Es regnet nicht mehr. Erich und Christine laufen nach dem Abendessen zurück zur Hütte, wo sie Ronni versteckt haben. Christine öffnet die Tür. Da sitzt der kleine Hund und schaut sie erwartungsvoll an. Er wedelt mit dem Schweif. „Wuff, wuff!" bellt er, „ich habe Hunger."

„Ruhig, ruhig", sagt Erich, „sonst hört dich Mama. Da, friß!" Erich gibt ihm ein Stück Fleisch, das er vom Küchentisch genommen hat. Ronni frißt alles mit einem Happs.

„Jetzt komm' mit spazieren", sagt Christine, „aber sei still."

Gerade läuft Ronni mit den Kindern aus der Hütte. Da kommt plötzlich Mama und schimpft: „Was macht der Hund hier? Ah, jetzt verstehe ich, warum das Fleisch vom Küchentisch verschwunden ist."

„Mama, sei nicht bös'. Er ist uns hierhin nachgelaufen. Er sah so traurig aus und hatte solchen Hunger."

Mama ist verständnisvoll, und der kleine Hund ist so niedlich.

„Seht mal, da steht ein Name auf seinem Halsband: Ronni. Er ist ungefähr zwei Jahre alt. Aber er ist sehr schmutzig und ganz verfroren. Bringt ihn ins Haus."

„Oh, danke Mami! Wir werden ihn behalten, nicht wahr?"

„Wir werden sehen. Wenn sein Herr ihn wiederhaben will, müssen wir ihn zurückgeben. Vorläufig wollen wir ihn mal baden. Komm Ronni!"

Ronni mag Wasser nicht allzugern und hüpft in der Badewanne herum, in die die Mutter ihn nur mit Mühe hineinbekommen hat, sodaß sie ganz naß wird. Aber dann ist Ronni sauber. Seine Augen glänzen, und er riecht gut nach Seife und Lavendel.

Mama legt ihn auf eine weiche Decke in den Wäschekorb und gibt ihm eine gute Suppe.

„Was wird Papa sagen?" fragen Christine und Erich ängstlich.

„Ich werde mit Papa sprechen, seid unbesorgt. Wir werden Ronni noch lehren, ihm abends seine Pantoffeln und seine Zeitung zu bringen, wenn er aus dem Büro kommt."

Bibu und der Zirkus.

Bibu ist ein ganz kleines, flaumiges Entlein. Es folgt seinem Herrn, Stefan, überallhin. Wenn Stefan zur Schule geht, bleibt Bibu an der Klassentür und wartet, bis er wieder herauskommt. Aber ihm wird die Zeit lang. Ein Piepsen beweist seine Ungeduld. Alle Schüler lachen.

„Bibu darf nicht mehr mit zur Schule", sagt die Lehrerin.

Am nächsten Tag wird Bibu in die Scheune eingesperrt und ist darüber gar nicht froh. Plötzlich hört er ein „Quak, Quak." Durch ein Loch unter der Tür schlüpft er hinaus.

Auf dem Platz stehen zwei grüne Wohnwagen. Ein Mann mit ausgefranster Hose und einem Hut mit langen Bändern spielt Trompete. Eine schöne Dame singt.

„Kommt, kommt alle, um den Zirkus Oholama zu sehen!"

Die Wohnwagen fahren zum Dorfplatz. Aus der geöffneten Tür treten ein Hund und eine Katze, gefolgt von zwei weißen Enten, die zum Weiher stürzen. Bibu gesellt sich dazu. In der Entensprache erklären seine Artgenossen:

„Wir sind Künstler, du wirst uns heute abend sehen."

„Ich habe einen rosa Hut mit Blumen", sagt die eine Ente.

„Die Enten haben eine getüpfelte Krawatte umgebunden. Und der Hund Kinu tanzt auf seinen Hinterpfoten. Die Katze kann alles raten. Die Dame fragt und sie antwortet durch Miauen. Einmal miauen heißt ‚ja', zweimal miauen heißt ‚nein'. Der Affe Malina ist ein flinker Akrobat."

„Ich komme, euch zu sehen", sagt Bibu.

Beeindruckt von diesen wunder-

baren Enten kehrt er nach Hause zurück. Gerade kommt das Essen der Künstler. Er wird nicht dazu eingeladen.

Er geht ein wenig in die Scheune schlafen, um heute abend munter zu sein.

Stefan kommt verspätet aus der Schule. Er war lange auf dem Dorfplatz, um sich mit seinen Kameraden den Zirkus anzusehen. Er holt Bibu aus der Scheune. „Geh' schnell essen, lauf ein bißchen herum. Ich werde dich dann ins Bett bringen. Ich gehe heute Abend in den Zirkus."

Der Zirkus, denkt Bibu, wenn du wüßtest, den kenne ich besser als du.

Um am Abend nicht in den Hühnerstall eingesperrt zu werden, läuft Bibu in die Scheune zurück. Er steckt den Kopf unter den Flügel und tut als ob er schliefe. Stefan ist beruhigt und läßt ihn dort, dann geht er zu der Zirkusvorstellung.

Bibu schlüpft durch sein Loch und versteckt sich im grünen Gras, ganz in der Nähe der Artisten. Die Bänke sind um die Manege aufgestellt. Das Licht glitzert. Die Musik spielt. Die Dame singt. Das ist alles noch viel schöner als Bibu es sich vorgestellt hat. Die Enten marschieren in einer Reihe, tanzen nach der Musik und springen in ein goldenes Wasser-Becken, schwimmen erst im Kreis und dann quer aneinander vorbei.

Arcani, die Perserkatze, sitzt auf einem sternenbestickten Kissen. Sie beantwortet alles.

Der Hund hat eine Jacke an und eine Krawatte mit einer Krawattennadel umgebunden. Er tanzt und dreht sich wie ein richtiger Clown. Vor der Nummer des Affen geht der Hund mit dem Hut im Maul Geld sammeln, um die Künstler anzufeuern.

Der Akrobat Malina macht Kapriolen und klettert auf einen hohen Mast. Von dort grüßt er die Leute. Dann läßt er seine Füße und Hände los und hält sich mit dem Schwanz fest.

Bibu schläft in diesem Wirbel ein.

Als er wieder erwacht, ist der Platz verlassen. Der Zirkus Oholama ist weg. Bibu kehrt in die Scheune zurück, wo Stefan ihn am nächsten Morgen findet.

Ein ganz besonders freches Äffchen.

Heute morgen ist der Schimpanse Babali ganz früh aufgewacht. Und jetzt langweilt er sich. Deshalb will er, wie gewöhnlich, mal wieder ein bißchen Unfug treiben.

Zuerst springt Babali vom Baum und landet auf dem Rücken eines großen, schlafenden Krokodils.

„Was soll der Quatsch?" fragt das Krokodil erbost. Es kann kaum die Augen aufkriegen, so müde ist es. Außerdem hat es gerade so schön geträumt.

„Guten Morgen", ruft der kleine Affe fröhlich.

„Was?" ruft das Krokodil, „du wagst es mich zu wecken, obwohl der Tag noch nicht mal angefangen hat? So eine Unverschämtheit. Ich werde dir eine Dusche verpassen, du frecher Kerl." Und mit einem heftigen Schwanzschlag wirft das Krokodil den kleinen Babali in den Fluß.

„Prima!" ruft Babali. „So ein Morgenbad hat mir gerade noch gefehlt. Schönen Dank auch!"

Aber dabei ist es ihm gar nicht besonders wohl. Er schwimmt aus Leibeskräften um schnell wieder das Ufer zu erreichen.

Er ist froh, wieder auf dem Trockenen zu sein. Da

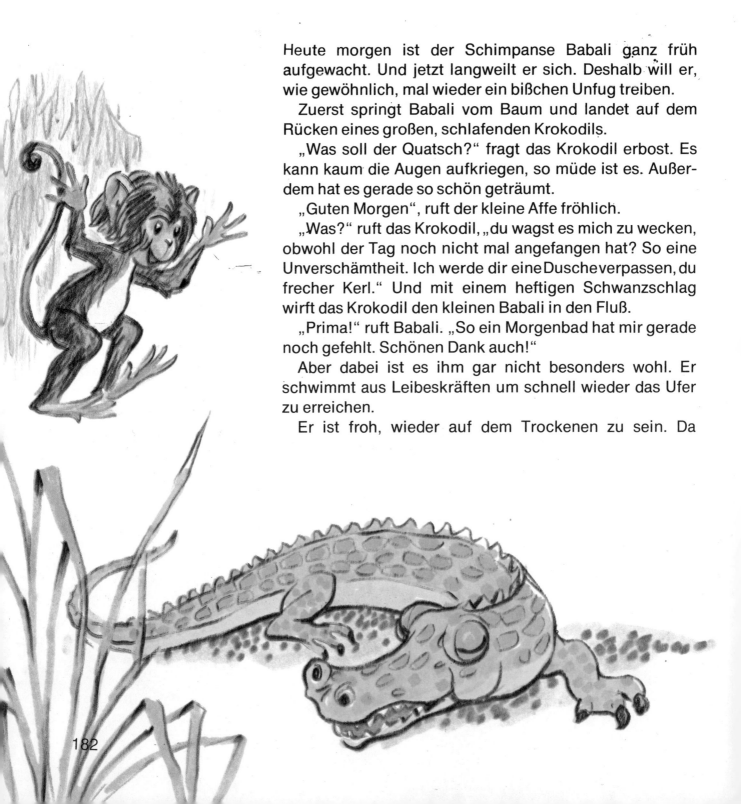

erblickt Babali ein Warzenschwein. Es schläft auch noch.

„Das werde ich wecken", denkt Babali.

Er überlegt, womit er das am besten anfängt, und dann hat er es auch schon gefunden: Er hebt ein paar Vogelfedern auf, die da herumliegen und kitzelt das ahnungslose Warzenschwein damit in den Ohren. Das fährt hoch und schaut sich um. Was ist denn da los? denkt es erschrocken, und dann rast es los, ohne noch viel zu überlegen, hinein in den Wald. Babali ist sehr mit sich zufrieden und stößt kleine Freudenschreie aus. Aber es ist ihm noch nicht genug. Er überlegt, was er sonst noch anstellen kann, um noch mehr schlafenden Tieren einen Streich zu spielen. Zuerst springt er einfach nur hin und her und schreit dazu, so laut er kann. Dann hängt er sich an die Baumäste und läßt sich von dort immer wieder auf den Boden fallen. Dabei klatscht er in die Hände, daß es nur so knallt. Er macht so viel Krach, daß alle Vögel anfangen zu schimpfen. Bei so viel Lärm am frühen Morgen fahren jetzt alle Tiere aus dem Schlaf, obwohl sie noch furchtbar müde sind. Aber nun sind sie natürlich furchtbar wütend. Alle wollen Babali bestrafen.

„Wir werden es ihm schon zeigen!" sagen sie. Brüllend, schreiend, pfeifend, knurrend nehmen sie die Verfolgungsjagd auf. Der arme kleine Schimpanse ist sehr erschrocken und versucht, sich ganz schnell zu retten. Er flüchtet

in den Wald und versteckt sich in einer Bananenstaude. Dabei benutzt er die Bananen als Geschosse. Er schält ein paar und bewirft seine Verfolger mit den Schalen.

Das gibt ein schönes Durcheinander. Die Tiere rutschen auf den glatten Bananenschalen aus. Sie stolpern übereinander. Dabei holen sie sich Beulen und Platzwunden. Sie schreien und brüllen durcheinander vor lauter Zorn.

Babali atmet auf. Da bin ich ja nochmal glücklich davongekommen, denkt er und ist ganz erleichtert. Zufrieden reibt es sich die Hände. Wie schön ist es doch, ein kleiner Schimpanse zu sein! Da ergreift ihn plötzlich eine Hand.

Ach du liebe Güte! denkt Babali voller Angst, nun ist alles aus. Ich bin gefangen. Vorsichtig dreht er sich um und hätte vor Freude fast einen Luftsprung gemacht, wenn er nicht im Genick festgehalten worden wäre!

„Kouakou, wie freue ich mich, daß du es bist!" ruft er laut in der Affensprache.

Aber Kouakou, der große Affe, bleibt streng. Er findet, daß Babali wirklich zuviel Dummheiten macht und heute morgen wirklich zu frech gewesen ist. Mit ganz tiefer Stimme sagt er: „Du bleibst jetzt erst einmal hier bei mir und wirst mir helfen, Bananen für meine Familie zu pflücken. Dann vergessen die Tiere allmählich den Zwischenfall und kommen wieder zur Ruhe."

„Na schön, wenn du meinst." Babali ist ganz kleinlaut und klettert auf Kouakous Rücken. Dann gehen die beiden in den Wald und suchen die schönsten Bananen.

Bellas Abenteuer.

Papa und Mama Biber sind sehr froh. Sie haben drei liebe Kinder: Plok und Pluff die Älteren, und Bella, die kleine Schwester.

„Bleibt im Birkenwald, ihr Lieben, während wir eine Pappel fällen um einen Damm zu bauen", sagt Mama Biber.

Vater und Mutter Biber nagen an der Rinde der Pappel, dann am Holz. Achtung! Der Baum wird gleich fallen. Er schwankt. Jetzt! Mit einem Krachen fällt er quer über den Fluß.

Jetzt stopfen sie Erde und Steine zwischen die Äste.

Die kleinen Biber spielen im Birkenwald. Sie nagen an feiner Rinde um sich die Zähne zu putzen, waschen sich und glätten ihr Fell.

„Bella, komm zum Fluß, um schwimmen zu lernen", schlagen die Brüder vor.

Pluff springt als erster und schwimmt mit seinen Schwimmfüßen. Er balanciert mit Hilfe seines breiten Schwanzes.

„Bravo, Pluff!"

„Jetzt bist du dran, Bella, versuch's, ich bleibe bei dir", verspricht Plok.

Bella plätschert, spritzt und lacht, und dann läßt sie sich gleiten.

185

„Beweg die Pfoten", schreit Plok, „nochmal! Du machst Fortschritte!"

„Oh, wie weit bin ich schon!" ruft Bella aus.

„Stoß mit deinem Schwanz, um ans Ufer zurückzukommen", sagt Pluff.

„Ich kann schwimmen!" schreit Bella, während sie aus dem Wasser steigt. Sie legt sich ins Gras, um zu trocknen, während ihre Brüder im Wasser spielen.

Ganz leise hat sich der Fuchs mit seinem schönen, roten Fell genähert.

„Bella, ich schenke dir Wurzeln von Seerosen, komm mit, es ist ein bißchen weiter weg von hier."

Bella ist begeistert und will ihm folgen. Aber ihre Brüder haben den bösen Fuchs erblickt und warnen sie: „Bella, komm zurück!"

Die beiden Biber schwimmen ganz schnell über den Fluß und jagen wütend hinter dem Fuchs her.

„Schau her, Bella, du weißt doch genau, daß der Fuchs lügt."

„Ah, da seid ihr ja", sagt Mama Biber. „War alles in Ordnung?" Plok und Pluff erzählen von Bellas Abenteuer.

„Oh mein Liebes", ruft Mama Biber und drückt ihr Töchterchen an sich. „Bald werden wir ein Haus im Teich haben. Du wirst keine Angst mehr vor dem Fuchs haben müssen, und da kannst du auch viele Seerosenwurzeln essen, du kleines Leckermaul!"

Der kleine, ungehorsame Wolf.

Im Frühling sagt Mama Wolf zu ihren kleinen Wölfen:

„Kommt bis zur nächsten Lichtung."

Die kleinen Wölfe springen fröhlich. Sie sagen:

„Der Sonnenschein ist schön und der Wald ist groß."

„Ja", sagt die Mama, „deshalb entfernt euch nicht von mir."

Die kleinen Wölfe plätschern im Fluß und bespritzen sich.

„Trocknet euer Fell an der Sonne."

Kaku schlüpft durch das Heidekraut in den grünen Wald.

„He", sagt der Siebenschläfer, „wo gehst du hin?"

„Ich will mir die Welt ansehen, komm mit."

„Ich werde mit dir gehen, Wölfchen."

„He", sagt das Eichhörnchen, „wo gehst du hin?"

„Ich will mir die Welt besehen, komm auch mit."

„Ich werde mit dir gehen, Wolfskind."

„He", sagt der Fuchs, „wo gehst du hin?"

„Ich will mir die Welt ansehen. Komm auch mit."

„Ich werde mit dir gehen, kleiner Wolf."

187

Kaku und seine Freunde kommen zum Waldrand.

„Ich würde gerne mal die Jäger sehen", sagt
Kaku neugierig.

Aber kaum hat er von den Jägern gesprochen,
bellen auch schon die Hunde. Die Männer kommen mit ihren Gewehren.

„Laß uns schnell weglaufen", ruft der Fuchs.

Erschrocken rennt der kleine Wolf geradeaus
durch die Brombeersträucher. Dann bleibt er
stehen und lauscht. Die Hunde bellen. Kaku hat
solche Angst, daß er nicht weiß, wohin er laufen
soll. Seine wunden Pfoten tun ihm weh. Dauernd
glaubt er, die bösen Hunde hinter sich zu hören.
Wie ist der dunkle Wald so groß. Kaku kann sich
nicht mehr von einem Brombeerstrauch befreien.

Eine Hand greift nach ihm, zwei Arme halten ihn
fest.

„Hab keine Angst", sagt Oliver, „ich werde dich
retten, kleiner Wolf".

Das Kind läuft durch den Wald und drückt das
warme Fell des kleinen Wolfes fest an sich. Kakus
pochendes Herz beruhigt sich langsam.

Zusammen durchqueren sie das Bächlein,
springen über Baumstümpfe.

„Komm in meine Hütte", sagt Oliver. Er hält den
Kopf des kleinen Wolfs auf seinem Schoß.

Wütend und mit leeren Händen kehren die Jäger
zum Bauernhof zurück.

„Du kannst zu deiner Familie zurück, kleiner
Wolf."

Kaku preßt sich gegen seine Mutter. Die streichelt ihn und sagt:

„Mein kleines Wölfchen, du wirst nun nicht mehr
ungehorsam sein."

Zipp und die Biene.

Die kleine Eidechse Zipp liegt in der Sonne und hält Mittagsruhe. Sie rührt sich nicht. Man sieht nur, wie ihr Herz unter der dünnen Haut schlägt. Plötzlich fliegt eine summende Biene vorbei. Sie ist sehr beschäftigt und dreht sich wie ein Kreisel.

„So ein Unglück", weint die Biene. „Ich muß meinen Honig anrühren, und ich finde den Weg zum Bienenhaus nicht mehr. Meine Beine sind voller Blütenstaub, was soll nur werden? Gewiß wird die Königin mich bestrafen, wenn ich diesen kostbaren Blütenstaub verderben lasse!" Und sie summt und brummt immerzu, daß die aufgeschreckte Eidechse nervös mit dem Schwanz schlägt.

„Unmöglich, in Ruhe zu schlafen, was willst du denn?" fragt sie verärgert.

„Ich habe mein Bienenhaus verloren, ich habe mein Bienenhaus verloren", jammert die Biene von neuem. „Ich bin zu weit geflogen, um diesen kostbaren Akazien-Blütenstaub zu finden, und nun kann ich meinen Weg nicht mehr finden."

„Gut, gut, nun beruhige dich", sagt Zipp mitleidig. „Ich glaube, ich habe hinter dieser hohen Mauer eine große Wiese mit merkwürdigen kleinen Häuschen gesehen, um die viele deiner Artgenossen herumfliegen."

„Das ist es, das ist es!" ruft die Biene erfreut, „aber ich bin so erschöpft, ich werde nicht mehr über diese hohe Mauer kommen, um die andere Seite zu erreichen."

„Wir wollen mal sehen", sagt Zipp. „Ich kenne einen Spalt in dieser Mauer. Folge mir."

Die Eidechse läuft geschickt von Stein zu Stein und kommt bald an einen Haufen Geröll. Da ist die Mauer gar nicht mehr hoch. Die Biene nimmt Anlauf und befindet sich kurz darauf auf dem Dach ihres Bienenhauses. Seither kommt die Biene oft dankbar zu der Eidechse, um ihr guten Tag zu sagen.

Jakob und die Gemsen.

Jakob läuft den blumengesäumten Weg hinauf, der zum Berggipfel führt. Er will den Tag dort oben mit seinen Freunden, den Gemsen, verbringen.

Das Dorf ist noch kaum erwacht. Der Frühling lacht überall, in den Gärten, in den Bäumen, in den Bächlein.

Die Luft ist klar. Eine Schwalbe zwitschert, ein kleiner Bach antwortet ihr, und das Kind singt auch ein Lied:

Ich kenn' ein Gemsenkind
zu dem lauf' ich geschwind.
Dort wo die Gemsen sind,
da weht der Frühlingswind.

Jakob beeilt sich. Er möchte gerne wieder zu seinen Freunden, den Gemsen, aber am liebsten zu Dali, die erst vor ein paar Wochen geboren wurde. Oben im Gebirge warten die Tiere schon ganz ungeduldig auf den kleinen Jungen, denn sie mögen ihn sehr.

„Wird er heute kommen?" fragt Dali seine Eltern. Die Zeit vergeht so schnell, wenn sein kleiner Freund mit ihm zusammen ist, denkt die kleine Gemse.

190

„Warte noch ein Weilchen", sagt ihr Vater, „ich sehe mal nach."

Er beobachtet das Tal, er schaut über den Berghang. Er stellt sein Ohr mal nach links mal nach rechts in die Höhe. Ah, dort der kleine Punkt – ja, das ist Jakob, ihr Freund.

„Da ist er", sagt der Gemsenvater erfreut.

„Ich sehe ihn", ruft Dali und macht einen Freudensprung, dann läuft er Jakob schnell entgegen.

Papa und Mama Gemse folgen Dali, der wie ein kleiner Verrückter von Fels zu Fels springt, so schnell wie der Blitz.

Jakob hat sie erblickt und winkt ihnen mit der Hand zu.

Eins, zwei, drei. Die Gemsen machen noch einige Sprünge, und Jakob noch ein paar schnelle Schritte. Dann haben sich die Freunde endlich wieder gefunden.

„Guten Tag, wie freue ich mich wieder bei euch zu sein", sagt Jakob.

„Kleiner, lieber Freund, wie sehr freuen wir uns, dich wieder einmal zu sehen", meckern alle drei Gemsen und lecken dem Kind die Hand.

Jakob steigt auf Papa Gemses Rücken, der gerne mit ihm von Fels zu Fels und bis zum Gipfel springt.

Jakobs Dorf ist von hier oben winzig, wie es da im Tal liegt. Die Häuser sind nicht größer als Spielzeughäuser. Das macht Spaß.

Jetzt sind sie alle vier auf dem Berggipfel. Jakob hat Hunger und setzt sich bequem ins Gras, um zu frühstücken. Er bietet auch Dali eine Frucht an.

„Das schmeckt aber toll", meckert Dali, das Leckermaul. „Ich bedanke mich vielmals."

Dann rupft er noch, sorgfältig ausgewählt, ein paar besonders schmackhafte Pflanzen. Hinterher fordert er Jakob auf, mit ihm einen Spaziergang in die unbekannten Winkel des Gebirges zu machen.

„Sehr gerne", antwortet das Kind und steigt auf Papa Gemses Rücken, der immer zu seinen Diensten ist.

Eins, zwei, drei. Papa Gemse springt über Abgründe. Dali folgt und Mama Gemse läßt nicht auf sich warten. Jakob schließt einen Moment die Augen, weil es ihm ein bißchen schwindelig wird.

„Oh, ein Wasserfall!" ruft der kleine Junge, „wie hübsch ist das!" Die Tiere und das Kind trinken jetzt daraus und erfrischen sich in dem schönen klaren Wasser.

„Es ist ein wunderschöner Platz", sagt Papa Gemse, „von hier aus ist die Aussicht ganz besonders gut. Schau mal Jakob, der weiß-rote Punkt da unten, das ist dein Haus."

„Wie gut du siehst!" ruft Jakob bewundernd.

Der übrige Tag vergeht unter Klettern und Spielen, bis die Sonne sich entschließt, auch auf der anderen Seite der Erde zu scheinen.

„Huh, hu, meine Freunde", ruft Hululu, der Uhu, „ich spüre, daß die Nacht kommt."

Jakob denkt ans Nachhausegehen und bittet Vater Gemse, ihn zu begleiten.

Einige Minuten später sind sie beide am Fuß des Berges angelangt, der sich jetzt violett färbt.

„Auf bald", sagt Jakob.

Wegen eines goldenen Ringes.

Dolli, der kleine Fischotter, war sehr unglücklich. Seine Tante Steinmarder trug ein goldenes Fell, sein Vetter, der Biber, hüllte sich in ein besonders seidenweiches Kleid, während der Fischotter sich vom Grau des Erdbodens nicht abhob.

Dolli war so klein und so farblos, daß er überall unbemerkt blieb. Niemand wollte mit ihm spielen. Stattdessen jagten ihn die anderen und nannten ihn 'Langweiler'.

Das war zu ungerecht – zu ungerecht! Um ihren Frotzeleien zu entgehen, hatte Dolli sich angewöhnt, abseits zu bleiben. Was hätte er darum gegeben, wenn er nur einen Tag so schön gewesen wäre wie ein Filmstar.

Eines Morgens hatte Dolli Zuflucht bei dem Geröll am Wasserfall gesucht. Da tauchte plötzlich etwas so schnell auf, daß Dolli sprachlos war. Konnte sich das etwa um Marsmenschen handeln?

Die Schöne mit dem goldenen Haar trug ein Kleid aus Feldblumen. Über das Wasser geneigt, trank sie. Sie schöpfte das frische Wasser mit den Händen.

Wie schön war sie. Völlig versunken bemerkte Dolli nicht, wie seine Pfoten abrutsch-

ten. Er konnte sich auf den nassen Steinen nicht mehr halten und fiel ins Wasser, genau zwischen die Hände der schönen Fee.

„Kleiner Unvorsichtiger", sagte die Schöne und nahm ihn sanft in ihre Hände. Vorsichtig setzte sie Dolli wieder ans Ufer. Aber bevor sie ihn laufen ließ, küßte sie ihn und flüsterte: „Geh schnell, schöner kleiner Otter, lauf ins grüne Gras."

Bei diesen Worten wurde Dolli rot vor Glück. Niemals bis zu diesem Morgen hatte ihn jemand hübsch genannt. Glücklich lief er davon, um sich im Gebüsch zu verstecken. Sie war sehr lieb, diese Marsfrau und so höflich, aber wo hatte sie wohl ihre fliegende Untertasse geparkt?

Am nächsten Morgen lief Dolli zum Wasserfall zurück. Er hatte einen großen Strauß Blumen gepflückt. Er wollte ihn der schönen Unbekannten zum Dank schenken, der Schönen mit dem Goldhaar, die sich nicht über Dollis Häßlichkeit lustig gemacht hatte.

Seine Unbekannte war am Bachufer.

Heute hatte sie ein Kleid aus Mondlicht an.

Über das Wasser geneigt, setzte sie Schmetterlinge in ihr goldenes Haar.

Ganz schüchtern gab Dolli ihr seinen Strauß. Dann, ermutigt durch das Lächeln der goldhaarigen Fee, küßte er sie. Dann wurde er ganz rot, daß er das gewagt hatte. Er floh und versteckte sich. Er brauchte Ruhe, um wieder zu sich zu kommen.

„Oh Dolli, du hast ja auf einmal sehr viel Mut", sagte eine zarte Stimme.

Das ist wahr, dachte Dolli. Was ist denn auf einmal mit mir los? Sonst bin ich doch so furchtbar schüchtern . . .

Am darauffolgenden Tag ging Dolli wieder zum Wasserfall.

Vor lauter Freude, daß er seine Traumfee wiedersehen würde, begann er zu singen.

Leider fand er die Fee in Tränen aufgelöst über das Wasser geneigt. Als sie Dolli sah, sagte sie unter Schluchzen: „Mein lieber Freund, tauche doch bitte und bringe mir meinen goldenen Ring zurück, der auf den Grund des Wassers gefallen ist. Ohne ihn kann ich nie mehr ins Königreich der Feen zurückkehren."

Um die Schöne mit dem Goldhaar zu retten, sprang Dolli. Er hatte ganz vergessen, daß er nicht schwimmen konnte. Der Ring steckte im Sand. Dolli mußte lange kratzen, um ihn da heraus zu bekommen. Er blieb viel zu lange unter Wasser. Seine Kräfte schwanden. Dolli tauchte an die Wasseroberfläche und gab der Schönen den Ring zurück. Erschöpft lag er in ihren Händen. Sie blies ihn an, und er kam wieder zum Leben. Seufzend und rot vor Glück öffnete er die Augen. Aber er schwor sich, nie wieder freiwillig seine Pfoten ins Wasser zu setzen.

Die Fee gab Dolli einen Kuß und verschwand genauso geheimnisvoll wie sie erschienen war. Und dann fiel ein vielfarbiger Blumenregen auf Dolli herab – in feenhaften Farben.

Unter diesem Blumenregen wurde Dollis Fell goldfarben. Und ganz plötzlich fühlte Dolli, wie er wuchs und wuchs. Er verwandelte sich durch Feenzauber – und schön wurde er!

Dolli, der Schöne, ließ Tante Marder und Vetter Biber jetzt vor Neid erblassen.

Und der Fee und ihres goldenen Ringes wegen, konnte er jetzt schwimmen.

Die Geschichte vom kleinen Kessel.

An diesem Morgen beschloß Kathrinchens Großmama, alles was unnütz war, wegzuwerfen und den Speicher zu entrümpeln.

Sie sortierte aus und steckte alles in einen großen Wäschekorb und gab ihn den Lumpensammlern. Diese gingen hin und verkauften den Inhalt auf dem Flohmarkt.

Als er den Korb geleert hatte, stellte der Händler fest, daß der Boden eines kleinen Kupferkessels ein Loch hatte. Er beschloß jedoch, ihn zu verkaufen und es dauerte nicht lange: Kathrin erkannte ihn nämlich, kaufte ihn zu einem geringen Preis und nahm ihn mit nach Hause und putzte ihn schön, damit er glänzte.

„Oh", rief Albert, das gezähmte Eichhörnchen, „man könnte glauben, das ist ein Spiegel!"

„Ja", sagte Kathrin ein bißchen bekümmert, „aber sein Boden hat ein Loch."

„Meine Freunde, die Biber, werden ihn gewiß heilmachen", versicherte das Eichhörnchen.

Das kleine Mädchen und das Eichhörnchen beeilten sich, in den Wald zu kommen, wo die Biber, nachdem sie gesehen hatten, worum es sich handelte, sich rasch an die Arbeit machten.

Geschickt schabten sie mit Hilfe ihres Schwanzes den Kesselboden, während Kathrin ein Feuer vorbereitete, um darin ein kleines Stück Kupfer zu schmelzen. Dann schmierten sie das flüssige Kupfer auf den Kesselboden und ließen es trocknen.

Als Kathrin nachhause kam, stellte sie den reparierten Kessel auf ihre Kommode, wo er, von allen bewundert, als Zierde stehen blieb.

Der Mond ertrinkt.

Die warme Nacht ist blau und schön, erhellt vom Glanz der Sterne und des klaren Mondes, sodaß man Lust bekommt, spazieren zu gehen.

Sofie widersteht dieser Versuchung nicht, und sobald sie ihr Abendessen beendet hat, geht sie mit kleinen Schritten hinaus in den Blumengarten.

Wie die Luft duftet, wie alles so schön ist! denkt das kleine Mädchen und geht zu dem kleinen, runden Wasserbecken, in dem die Goldfische herumschwimmen.

Sie setzt sich an den Rand und läßt die Hand ins Wasser gleiten. Es ist so schön, so ruhig, so friedlich und glücklich, daß nichts diesen Frieden zu stören scheint. Nichts.

Nichts? He, träumt sie? Wer murmelt in enttäuschtem Ton neben ihr:

„Es klappt nicht, ich werde es nicht schaffen."

„Quax, bist du es?" fragt Sofie, denn sie vermutet, daß es ihr kleiner Freund ist.

Ein merkwürdiger Freund, wahrhaftig! Ein hübscher Frosch, der sich nach allen Richtungen verrenkt, um etwas aus dem Wasser zu ziehen. „Hast du dein Seerosenblatt verloren?" fragt Sofie lachend.

Quax sieht das kleine Mädchen mit glasigen Augen starr an, bevor er erwidert: „Es geht nicht darum. Siehst du nicht, daß er ertrinkt?"

Sofie beugt sich ängstlich über den Beckenrand, bereit, Hilfe zu leisten. Aber sie sieht nur den runden, goldenen Mond, der sich widerspiegelt.

„He", ruft der Frosch empört, „warum zögerst du, ihn rauszuholen? Der Mond ertrinkt." Er ist ganz wütend.

Sofie sieht ihren kleinen Freund an

und kann ein Lachen nicht unterdrücken, bevor sie sagt:

„Du bist nicht ganz gescheit. Der Mond ist am Himmel."

„Nein", erwidert Quax, „der Mond ertrinkt."

Vor Wut springt er dreimal auf einem großen Seerosenblatt auf und ab. Beim letzten Sprung fällt er ins Wasser.

„Quax, Quax!" schreit er und lehnt sich auf ein anderes Blatt.

Er schaut nochmal in das klare Wasser und starrt dann in den Himmel. Wie kann es geschehen, daß der Mond ertrinkt und gleichzeitig da oben ist? Das ist doch nicht möglich. Das muß eine Verzauberung sein, denkt sich der Frosch. Das hat er vorher noch nicht gesehen.

Aber Sofie kommt ihm zur Hilfe. Sie holt einen Keramikkrug und stellt ihn so, daß der Schatten des Kruges über das Wasser fällt und damit der Widerschein des Mondes verschwindet.

„Oh, quax", staunt der Frosch. Er verschluckt sich fast.

Sofie nimmt den Krug weg, und der Mond spiegelt sich genauso klar wie vorher im Wasser.

„Siehst du", sagt Sofie, „daß ich recht hatte?"

Quax möchte gerne ein wenig mit dem kleinen Mädchen spielen und die tut nichts lieber. Die beiden Freunde spielen Verstecken im Garten. Quax sucht Sofie lange. Da ist er schlecht gelaunt.

„Quax, Quax, ich finde dich nicht."

„Na schön", meint Sofie freundlich, „dann spielen wir eben ein bißchen springen, wenn du willst." Aber bei diesem Spiel verliert Quax auch. Er hat überhaupt keine gute Laune mehr, heute abend.

„Ich mag nicht mehr", sagt er.

Sofie möchte ein wenig spazieren gehen. Aber das dauert Quax zu lange. „Ich bin müde", sagt er und gähnt mit breitem Maul.

„Ich auch", erwidert das kleine Mädchen, „da müssen wir beide ins Bett gehen."

Quax springt schnell auf das grüne Seerosenblatt, das ihm am besten gefällt.

„Bis morgen", sagt Sofie.

Das Kätzchen, das keine Möhren mochte.

„Schnell zu Tisch", sagt Mama Katze, „das Essen ist warm."

Minusch bringt die Stühle. Anton verteilt die Servietten.

Billi holt ein Stück Brot.

Und Fritzchen, der Schlaue, hält schon seinen Teller hin.

„Binde erst deine Serviette um", sagt die Mama.

Die vier hungrigen Kätzchen gehorchen. Fritzchen bittet: „Gib mir nur Kartoffeln. Ich mag keine Möhren."

„Du bekommst Möhren wie deine Brüder."

„Möhren mit Creme sind gut", sagt Billi.

„Minusch, nimm deine Pfoten aus der Sauce!"

Die kleinen Kätzchen essen mit großem Appetit.

Fritzchen wird seinen Nachtisch nicht bekommen, wenn er nicht seinen Teller leer ißt. „Hier ist der Milchreis."

Voller Neid sieht Fritzchen seinen Geschwistern zu.

„Beeil dich", sagt Minusch, „dir fallen ja schon die Augen zu."

„Zähl eins, zwei", schlägt Antoinette vor, „dann schluckst du alles runter."

Es ist unmöglich. Fritzchen schneidet Grimassen.

„Ihr anderen geht spielen", sagt Mutter Katze. „Es gibt ein Geschenk von Onkel Otto."

Wie freuen sie sich draußen im Garten.

„Oh", ruft Minusch, „ein Cowboyanzug."

„Oh", schreit Anton, „ein Indianerkostüm."

„Oh", ruft Billi, „eine Ausrüstung für Rothäute."

Fritzchen langweilt sich vor seinem vollen Teller. Schnell nimmt er einen ganz großen Löffel und schluckt alle Karotten und sogar den Rest aus der Schüssel auf einmal hinunter.

„Und ich?" fragt Mama, „du hast ja alles gegessen."

Fritzchen wird rot bis hinter die Ohren. „Ich dachte, ich sollte alles essen. Möhren schmecken so gut."

„Na, schön", sagt die Mutter. „Hier ist dein Nachtisch." Aber Fritzchen hat keinen Hunger mehr. Er öffnet das letzte Päckchen.

Und so wurde das Kätzchen, das die Möhren so gern hatte, ein Indianerhäuptling, ein ganz großer Indianerhäuptling.

Konrad, das Nilpferd.

Konrad, das Nilpferd, schüttelte sich im Fluß. Er schlief in der Sonne ein und sein Bad hat ihn gestärkt. Das Wasser rinnt über seine glänzende Haut. Er ist stolz auf seinen vornehmen Gang und trabt langsam zum Ufer, als ihm ein kleiner Fisch, nur so zum Spaß, zwischen die Beine schlüpft.

„Laß das, Kiri", brummt er, denn er hat den Störenfried erkannt. Doch Kiri hat so richtig Lust sich auf Kosten von Konrad zu amüsieren. Er behindert seinen Lauf, so daß das Nilpferd über einen Stein stolpert und mit seinem ganzen Gewicht in das Wasser fällt, daß es nur so spritzt. Dabei bleibt Kiri nicht verschont, er wird ein 'fliegender Fisch'. Konrad ist jedoch schlimm hingefallen. Er wird ganz unruhig. „Mein linkes Hinterbein ist verletzt. Ich kann nicht mehr gehen."

Kiri ist ganz verzweifelt. Es ist seine Schuld, daß sein Freund leidet. Er ruft seine Fischbrüder herbei.

„He, wir müssen Karla, die Freundin von Konrad, holen. Sie allein kann sich richtig um ihn kümmern."

Sofort gehen sie alle auf die Suche nach Karla. Aber vergebens – sie scheint verschwunden zu sein.

Kiri hält es nicht mehr aus. Er vertraut den Verletzten zwei Freunden an und geht selbst auf die Suche nach Karla. Endlich entdeckt er sie

neben einem Gebüsch, wo sie mit halbgeschlossenen Augen duftende Blumen beschnüffelt.

Als sie von dem Unfall erfährt, den ihr Freund gehabt hat, läßt sie sich sofort ins Wasser gleiten und schwimmt zu ihm. Sie schiebt ihn aufs Ufer und sagt mitleidig und mit liebevoller Stimme:

„Mein armer Konrad. Hab keine Sorge. Ich werde dich pflegen!"

Die Fische haben schon wirksame Wasserpflanzen vorbereitet, die Wunden heilen können. Karla nimmt eine ziemliche Portion davon und legt sie auf das schmerzende Bein. Die Wirkung läßt nicht lange auf sich warten. Konrad hört auf zu jammern, gleich nach dem ersten Auflegen. Und bald fühlt er sich wieder wohl.

„Uff, ich fühle mich besser", seufzt er gähnend, streckt sich, und setzt seinen unterbrochenen Nachmittagsschlaf fort.

Der Wildhase, die Schildkröte und der Drachen.

An einem schönen Sommertag wettet ein Wildhase, daß er das andere Ende der Wiese als erster vor Frau Schildkröte erreichen wird. Aber da er unterwegs gebummelt hat, liegt er jetzt zurück. Sehr beleidigt, schwört er, sich zu rächen und erklärt der Konkurrentin: „Meine Liebe, ich wette, daß ich als erster dort auf dem Hügel ankommen werde."

Die Schildkröte nimmt den Vorschlag recht verschmitzt an, unter der Bedingung, daß sie erst an einem Tag laufen, an dem der Wind bläst. Der Hase erklärt sich einverstanden. Genau am nächsten Tag kommt ein starker Wind auf. Beim Startzeichen läuft der Hase los, ohne eine Minute zu verlieren. Währenddessen geht Frau Schildkröte zu ihrem Freund Hans und bittet ihn, ihr einen Drachen zu leihen, den er gerade gebastelt hat. Hans hat nichts dagegen, er macht die Schildkröte am Ende des Drachens fest und läßt ihn steigen.

Innerhalb weniger Minuten setzt die Schildkröte ihre Füße auf den Hügel. Als eine Stunde später der Wildhase keuchend und müde ankommt, ruft Frau Schildkröte ihm lustig zu:

„Was haben Sie denn, Herr Wildhase, Sie scheinen müde zu sein, obwohl dieses Rennen doch sehr angenehm war, finden Sie nicht? Ich warte schon seit einer Stunde auf Sie."

204

Das Abenteuer der drei Ferkel.

An einem schönen Sommermorgen sind die drei Ferkel auf dem Bauernhof gut abgerieben und gebürstet und dadurch ganz rosa geworden.

„Oh", sagen sie, „schaut mal, wie schön wir sind."

Und die drei Ferkel tanzen fröhlich und bewundern sich im Teich.

Der graue Esel beobachtet sie und sagt: „Ihr Dummköpfe, ihr kommt auf den Markt."

„Na gut", sagen die drei Ferkel, „da gehen wir eben spazieren und essen Bratwürste."

„Ihr Dummköpfe", wiederholt der graue Esel, „auf dem Markt wird euch der Bauer verkaufen ... und danach ..."

Die drei Ferkel hören ihn schon gar nicht mehr. Sie flüchten hinter einen Heuhaufen und flüstern sich was ins Ohr. Das ist gar nicht leicht bei ihren großen Ohren. Aber es ist ihnen ernst.

Auf dem Jahrmarkt verkauft werden, denkt doch, wo sie doch auf dem Bauernhof mit allen ihren Freunden so glücklich sind.

„Wir müssen irgendetwas machen", sagt das eine Ferkel. Alle Tiere kommen zusammen, die Kühe, das Pferd und das Fohlen, der graue Esel und sein Eselchen, die Schafe und die Lämmer, die Puter, die Truthenne, die Hühner, die Hähne, die Enten und die Hunde.

„Morgen bei Tagesanbruch geht es los", versichert ein Ferkel.

„Das Pferdegeschirr ist schon poliert", fügt das zweite Ferkel hinzu.

Den drei rosa Ferkeln, so frisch gewaschen und gut gebürstet, ist das Herz schwer. Sie können die

ganze Nacht nicht schlafen und bewegen sich unruhig auf dem frischen Stroh hin und her. Werden sie morgen abend noch den Hund bellen hören und die Hähne schreien? Arme kleine, saubere Ferkel!

„Und eins, und zwei, und drei", sagt der Bauer und steckt die drei Ferkel in das Pferdefuhrwerk. Sie werden an Schwanz und Pfoten gepackt und stoßen schrille Schreie aus. Alle Tiere schauen zu. Sie haben Tränen in den Augen und ein unruhiges Herz. Am Zaun wartet der graue Esel und ruft ihnen zu: „Auf bald, meine Freunde, auf bald!" Und er bewegt seine großen Ohren, um sein Geheimnis nicht zu verraten. Das Pferd trabt zügig auf der sonnenbeschienenen Straße. Die Luft duftet nach Heu und Sommerblumen. Aber die drei zusammengepferchten und geschüttelten Ferkel sind viel zu traurig, um das zu riechen. Sie sehen nicht den blauen Himmel und die hübsche Straße. Sie sehen gar nichts.

Wohin bringt man sie?

„Vorwärts, Hermes", sagt der Bauer und schwingt seine Peitsche. „Was hast du?" Das Pferd läuft ganz langsam und überlegt: Die Peitsche ist mir egal.

„Hermes, vorwärts! Los Hermes, Hü!"

Aber im Wald verlangsamt Hermes seinen Schritt, senkt den Kopf und tut so, als

könne er nicht mehr weiter.

Überrascht springt der Bauer vom Wagen, streichelt das Pferd und untersucht es.

„Hast du einen schlimmen Huf? Zeig mal."

Das Pferd rührt sich nicht.

„Verflixt, sowas ist mir noch nie passiert. Ich brauche Hilfe." Der Bauer bindet das Pferd an einen Baum und geht allein weg.

Sofort sagt das Pferd: „He, schlaft nicht da oben, ihr drei Dummköpfe. Mir fehlt gar nichts. Schnell, macht euch davon in die Freiheit."

Das braucht man ihnen nicht zweimal zu sagen. Eins, zwei, drei und vier! Die drei Ferkel verschwinden im Wald.

Dort treffen sie die Wildschweine, die ihre Freunde werden und die sie einladen, mit ihnen Eicheln und Bucheckern zu fressen.

Seitdem besuchen die drei Ferkel immer, wenn Markt ist und der Bauer und die Bäuerin nicht da sind, ihre Freunde auf dem Bauernhof und sagen ihnen guten Tag.

Das ist dann immer ein fröhlicher Tag. Dann herrscht Feststimmung auf dem Hof. Man umarmt einander, tanzt und singt. Der Esel erzählt alle Neuigkeiten. Daß der Abend auch immer so schnell kommen muß!

Achtung, der Bauer kommt zurück. Pscht! sagt dem nichts!

Hasi-Hase.

„Ich habe ein Häschen, ich habe einen grauen Hasen!" ruft Helene, „Großmama hat ihn mir geschenkt."

Hasi-Hase ißt in seinem Drahtkäfig Klee und knabbert Möhren. Hasi-Hase hebt die Nase und hopp, springt er durch ein Loch.

„Wo ist Hasi-Hase?" fragt Oliver.

„Hasi-Hase ist weg!" schreit Helene. Großpapa sucht den Hasen hinter den Obstbäumen. Robert stöbert in den Hortensien herum.

Hasi-Hase hat sich aber hinter die Garage geschlichen.

Was stellen wir an, damit er zurückkommt?

„Gib mir den Gartenschlauch", sagt Robert.

Hasi-Hase ist ganz verwirrt. Er versteht gar nichts mehr.

Als Robert ihn schließlich an den Ohren packt, ist er ein scheußliches, nasses Kaninchen.

Helene trocknet es mit einem Tuch ab.

Und dann schüttelt sich Hasi-Hase. Er reibt seine Pfoten an seiner Schnauze und hinter seinen Ohren, wäscht sich und trocknet sich an der Sonne.

Die Möhren sind lecker, Hasi-Hase.

Der kleine Wüstenfuchs auf dem Land.

Der kleine Wüstenfuchs ist sehr unglücklich. Verzweifelt versucht er, seine spitze Schnauze zwischen zwei Latten seines engen Käfigs zu stecken. Seine großen, schwarzen erschrockenen Augen rollen von rechts nach links. Seine großen, weichen Ohren hören jedes Geräusch. Er ist ganz wach.

Leider ist er gefangen. Er wurde von Tierfängern überlistet und ist in den schwülen Laderaum eines Schiffes gekommen. Jetzt hat man ihn ausgeladen. Seit wann hat er seine heimatliche Sahara verlassen?

Die Nacht bricht über dem Kai herein. Die Käfige, die dort aufgestapelt sind, werden bald in die Städte im Norden gefahren. Der kleine Wüstenfuchs kann es nicht ertragen, in einem Zoo eingesperrt zu leben. Er bewegt sich wie ein kleiner Teufel – und siehe da – sein zerbrechliches Gefängnis fällt zu Boden und geht entzwei. Der kleine Wüstenfuchs ist wie betäubt, aber er ist frei.

„Adieu, Leidensgenossen, und viel Glück!"

Ganz schnell rast er auf seinen dünnen Beinen davon. Vor ihm öffnen sich die Straßen. Die Stadt zieht an ihm vorbei. Aber er sieht nichts, er will nur weg.

Endlich bleibt er außer Atem stehen.

Der Gesang der Vögel und der Grillen und die nach Lavendel duftende Luft kündigen die Heide an. Erschöpft schläft er zwischen den Steinen ein.

Ein warmer Sonnenstrahl trifft seine geschlossenen Augen. Der kleine Wüstenfuchs macht erstaunt ein Auge auf. Dann das andere. Dann erinnert er sich wieder. Glücklich, einem Leben in Gefangenschaft entronnen zu sein, läuft er zwischen Thymian und Majoran dahin. Einige Wildhasen kommen und schauen sich dieses

merkwürdige Tier an, das dem Fuchs so ähnelt. Angesteckt von der Begeisterung des kleinen Wüstenfuchses gesellen sie sich nach und nach dazu und tanzen zur Begleitung der Zikaden- und Grillenmusik. Feldmäuse, Igel und Spitzmäuse schauen sehr erfreut zu. Der kleine Wüstenfuchs macht noch begeistert ein paar Luftsprünge, bevor er merkt, daß mittlerweile alle wieder verschwunden sind. Zwei Kinder, Mini und Vincent, kommen singend näher.

„Hallo, guten Tag, ihr Kaninchen", rufen die Kinder. „Habt ihr einen neuen Freund?"

Der, der das Oberhaupt der Hasen zu sein scheint, ergreift das Wort und erzählt das Abenteuer des kleinen Wüstenfuchses. Mini und Vincent sind ganz verblüfft. Und während sie Süßigkeiten verteilen, denken sie über die Situation nach. Der kleine Wüstenfuchs wird im Winter nicht so leben können. Man muß ihn davon überzeugen, daß er die Gastfreundschaft des benachbarten Zoos annehmen muß, wo die Tiere in Freigehegen leben. Er wird dort Platz haben und ein gut gewärmtes Gehege. Der kleine Wüstenfuchs läßt sich leicht überreden. Er weiß, daß er seine heiße Wüste nie wiedersehen wird, und seine neuen Freunde werden ihn besuchen.

Eines schönen Morgens sieht man den kleinen Wüstenfuchs zwischen Mini und Vincent in dem Auto ihres Großvaters zwischen den Blumen, die für den Markt bestimmt waren. Sein Herz ist leicht und er macht Pläne – ein Fräulein Wüstenfuchs wartet im Zoo schon auf ihn.

Der weiße Frosch heiratet.

An einem schönen Frühlingsmorgen bekam eine Fröschin auf einem ungeheuren Seerosenblatt zwei Froschbabys.

Das wäre weiter nicht verwunderlich, wenn nicht der eine kleine Frosch eine weiße Haut gehabt hätte. Er war sehr hübsch und hatte schöne, goldfarbene Augen. Mutter Frosch war sehr stolz auf ihre Babys und betrachtete sie zärtlich und bewundernd. Dann kam der älteste der Frösche, der sehr besonnen und klug war, um das merkwürdige Froschkind anzuschauen. Er setzte mehrmals seine Brille auf, nickte mit dem Kopf und erklärte mit weiser Miene: „Das ist einer, der gar nicht zu uns gehört. Den können wir nicht annehmen."

Mutter Frosch widersprach ihm, um ihrem weißen Kind zu helfen.

„Laßt ihn solange bei mir, bis er mich nicht mehr braucht."

„Ich werde es vormerken", sagte der alte Frosch, und ging quakend und mit schwerem Gang davon.

Dann rief er einige Frösche zusammen, die seinem Entschluß zustimmten.

Die Tage vergingen und aus dem weißen Frosch wurde ein kleines Wunder, aber

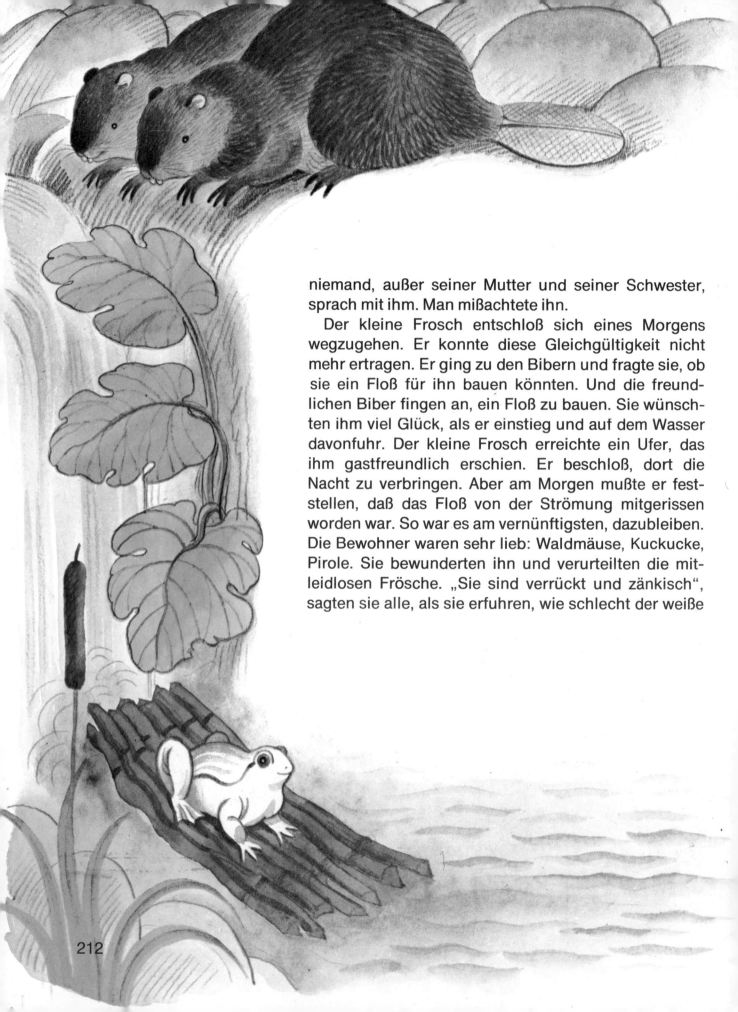

niemand, außer seiner Mutter und seiner Schwester, sprach mit ihm. Man mißachtete ihn.

Der kleine Frosch entschloß sich eines Morgens wegzugehen. Er konnte diese Gleichgültigkeit nicht mehr ertragen. Er ging zu den Bibern und fragte sie, ob sie ein Floß für ihn bauen könnten. Und die freundlichen Biber fingen an, ein Floß zu bauen. Sie wünschten ihm viel Glück, als er einstieg und auf dem Wasser davonfuhr. Der kleine Frosch erreichte ein Ufer, das ihm gastfreundlich erschien. Er beschloß, dort die Nacht zu verbringen. Aber am Morgen mußte er feststellen, daß das Floß von der Strömung mitgerissen worden war. So war es am vernünftigsten, dazubleiben. Die Bewohner waren sehr lieb: Waldmäuse, Kuckucke, Pirole. Sie bewunderten ihn und verurteilten die mitleidlosen Frösche. „Sie sind verrückt und zänkisch", sagten sie alle, als sie erfuhren, wie schlecht der weiße

Frosch behandelt worden war. Dann bauten sie ein schönes Haus für den Neuankömmling, das sie mit Moos und Blumen schmückten.

So fing für den jungen Frosch ein angenehmes Leben an, umsomehr, als ihm der Pirol regelmäßig Nachricht von seiner Schwester und von seiner Mutter brachte.

Eines Tages dachte der Frosch, daß es nun Zeit wäre, sich eine Frau zu suchen und bat den Pirol sich der Angelegenheit anzunehmen, denn in dieser Gegend gab es keine Frösche.

Die Pirole kamen zurück und brachten eine junge Froschdame mit, hellgrau mit Gold-Augen, die auch gerne eine Familie gründen wollte.

Die Hochzeit fand mit einem großen Fest statt, das mehrere Tage dauerte. Und der weiße Frosch lebte sehr glücklich.

Wenigstens behaupten das die Sterne.

213

Eine Anstandslektion.

Miß Wiesel hat ihre goldenen Schuhe und ihr hübsches, rotes Kleid angezogen und ist in den Wald gegangen.

„In welch jämmerlichen Zustand sind meine Füße", rief sie auf dem Rückweg. „Ich bin unfähig, weiter zu gehen!"

Jo, der majestätische, weiße Schwan, hörte die Arme.

„Hallo Miß Wiesel, was haben Sie denn?"

Das kleine Wiesel kommt mit leichten Schritten an den großen, ruhigen See.

„Mister Jo, meine Füße sind wund. Ich bin so lange gelaufen."

„Das ist es, was leichtsinnigen jungen Leuten öfter zustößt", antwortet Jo streng. „Tauchen Sie ihre wunden Füße ins Wasser!" Miß Wiesel macht das und stellt fest, daß sie weniger leidet. Die beiden unterhalten sich, und Mr. Jo lobt das hübsche Kleid der Kleinen. Er hat sogar die Freundlichkeit, sie auf seinem Rücken ans andere Ufer zu transportieren.

„Jo ist verrückt", schreien die anderen Schwäne, „jetzt macht er für so häßliche Leute den Kavalier, er, der ein Prinz an Eleganz ist."

Miß Wiesel setzt ihren zitternden Fuß auf das andere Ufer. Ihr Schnäuzchen ist schamrot. Sie überlegt den ganzen Abend, was sie tun kann, um die bösen Zungen zum Schweigen zu bringen. Am Morgen glaubt sie, es gefunden zu haben. Sie hat ihr weißes Kleid angezogen, sie hat ihre Schnauze mit hellem Puder gepudert, um sie weiß zu machen. Da geht sie wieder zum See. Auf den Armen trägt sie einen Blumenkranz.

„Mr. Jo, erlauben Sie mir, Sie mit dem Orden für erwiesene Hilfe an gefährdeten Wieseln auszuzeichnen!" Damit setzt sie dem Schwan den Blumenkranz auf den Kopf.

„Erlauben Sie mir, Madame, Sie einmal um den See zu tragen", und Miß Wiesel fährt entzückt an den anderen Schwänen vorbei.

Die abgerichteten Seehunde.

Ein kleiner Zirkus hatte sich für den ganzen Sommer auf dem Hauptplatz einer großen Stadt niedergelassen. Die Vorstellungen, die er jeden Abend gab, waren fabelhaft: Da waren drei abgerichtete Seehunde, die tanzten, durch bunte Reifen sprangen, sich drehten und mit Bällen jonglierten, auf einem Trapez balancierten und Trompete spielten. Welch ein Spaß zu sehen, wie sie ihre Vorstellung gaben!

Ein lieber, kleiner Junge namens Stefan bewunderte sie so, daß er keine Vorstellung versäumte. Jeden Abend schlich er sich durch die Kulissen, wo die Tiere untergebracht waren, sprach mit den drei Seehunden, streichelte sie liebevoll und fütterte sie statt mit Süßigkeiten mit einem Eimer voll von kleinen Fischen.

Kurz und gut, Stefan und die Seehunde wurden die besten Freunde und freuten sich sehr, sich jeden Abend wiederzusehen. So verging ein Monat.

Dann plötzlich war Stefan vierzehn Tage lang nicht zu sehen. Die Seehunde wurden sehr unruhig.

Hat der kleine Junge seine Freunde etwa vergessen? Ist er bestraft worden, und man hat ihm das Ausgehen verboten? Ist er aus der großen Stadt weggezogen?

Eines Abends gibt der Direktor seiner Truppe frei. Wie schön, für ein paar Stunden frei zu sein. Die Seehunde wollen sich aufmachen und ihren Freund suchen. Sie wollen die Stadt nach Stefan so lange absuchen, bis sie ihn wiederfinden.

Lange irren sie durch die Stadt und kommen schließlich an ein Haus, wo sie am Fenster einen kleinen blassen, traurigen Jungen entdecken. Es ist Stefan. Welche Freude, sich nach dieser langen Trennung wiederzusehen.

„Ich war sehr krank und ich bin noch nicht wieder gesund. Man hat mir verboten, rauszugehen. Ich weiß nicht, wann ich euch wieder im Zirkus sehe", sagte er traurig.

„Sei nicht betrübt, Stefan. Wir haben eine schöne Überraschung für dich", riefen die Seehunde im Weggehen.

Sie holen ihre Sachen aus dem Zirkus und kommen schnell wieder zu Stefans Haus zurück.

Und an diesem Abend geben sie für den kleinen, kranken Jungen die schönste Vorstellung, die man jemals gesehen hat.

Stefan vergißt dieses wunderbare Fest nie. Es war ein Beweis der Freundschaft.

Lieber Busso.

Die Steppe schläft noch und die Sonne ist noch nicht aufgegangen, um ihre ersten Strahlen auszusenden, als einer Giraffe etwas schreckliches widerfährt.

Es ist nicht möglich, es ist unglaublich, aber leider ist es wahr: Menschen haben die Giraffe gefangen und nehmen sie zu dem berühmtesten Zoo Europas mit.

Warum haben sie das getan? Weil die Giraffe so schön ist, und weil sie deshalb den Zoobesuchern Freude machen wird. Das weiß man, das steht fest.

Gewiß, aber die Giraffe in dem Lastwagen, der sie in ihr neues Gefangenenleben mitnimmt, will das gar nicht. Sie jammert laut:

„Wer hilft mir, daß ich hier wieder rauskomme? Hilfe!"

Die Tiere sind noch verschlafen. Sie schauen sie erstaunt und zweifelnd an. Aber plötzlich verbreitet sich die Nachricht von Mund zu Ohr: „Die Giraffe ist gefangen worden. Sie geht weg. Wir müssen sie befreien."

In seiner runden Hütte schläft Busso. Der Tag ist noch zu dämmerig, um aufzustehen. Aber der Geruch von Kaffee, den seine Mutter gerade macht, weckt ihn und weht ihm um die Nase. Er streckt sich auf seinem Bett und schnuppert: „He – das riecht gut", sagt er gähnend.

„Busso", ruft die Mama, „ich gehe, um mir mal die Giraffe im Lastwagen anzusehen."

„Was?" ruft Busso erstaunt. Er trinkt seinen Kaffee und verschluckt sich dabei, ißt etwas von dem warmen Hirsekuchen, wäscht sich fix im Fluß und rennt schnell zu seinem Freund Mambo, dem Tankwart, der ein schweres Auto besitzt.

„Die Giraffe ist gefangen worden!" schnauft er, „man hat einen Lastwagen gesehen, der sie mitgenommen hat."

„Das ist wahr", sagt die gefleckte Hyäne, „das haben die bösen Menschen ganz früh am Morgen getan."

Busso und Mambo handeln schnell. Sie lassen den Motor an, setzen sich ins Auto und nehmen die Hyäne zwischen sich. „Wir müssen sie einholen", kichert die Hyäne.

Das ist auch die Absicht von Busso und Mambo, die die Straße, so weit sie können, hinunterschauen.

Plötzlich stoßen sie einen Freudenschrei aus.

„Da ist der Lastwagen. Das ist er." Er verliert an Vorsprung.

„Nichts wie hin!" schreien die Affen, die den Ablauf der Dinge mit Interesse verfolgen. Sie springen von Baum zu Baum. Einige setzen sich mit ins Auto.

Mambo gibt ein bißchen mehr Gas, und der Lastwagen ist schnell eingeholt.

„Halt! Diebe!" schreit Busso zornig. Er springt aus dem fahrenden Wagen, entschlossen, nicht locker zu lassen. Mambo folgt ihm.

Die Männer bekommen Angst. Sie halten den Lastwagen an und ergreifen die Flucht. Aber die Affen reagieren schnell und binden sie mit den Stricken, die sie normalerweise bei ihrer Tierfängerei brauchen.

Die gefesselten Diebe landen in den Käfigen, die für die Giraffe und andere Opfer bestimmt waren.

Mambo und Busso brechen in Gelächter aus und hänseln die Gefangenen: „Ihr seid aber komische Tiere."

Die Giraffe lacht mit allen Zähnen und nimmt Busso auf ihren Rücken, um ihn nachhause zurückzubringen.

„Morgen werde ich mit dir spielen", sagt Busso.

Friedrichs
schöner Fang.

„Ach ja, wie schön ist es, im Schatten zu schlafen", sagt Kasimir, der Fuchs, der sich bequem unter einen Baum in der Lichtung zwischen den Farnkräutern hingelegt hat.

Kasimir schläft ein und schnarcht.

Roch-roch-roch-ch-ch-ch.

„Pst", sagt die Füchsin zu ihren Kindern. „Geht ein bißchen weiter weg zum Spielen. Euer Vater schläft." Die kleinen Füchse springen fröhlich unter die Bäume und rennen um die Birken herum.

Währenddessen geht Friedrich, der junge Bär, mit einer Tasche auf dem Rücken zum Fischfang und knurrt: „Papa findet mich faul. Das werden wir ja sehen. Alle meine Brüder spielen Bockspringen. Ich werde Fische nachhause bringen!"

Munter läuft Friedrich den Pfad entlang und kommt an den Fluß.

Leise versteckt er sich im Gras und beobachtet

das Wasser, das über die Steine plätschert. Die Libellen fliegen umher, und die Schmetterlinge setzen sich auf die Blumen.

Friedrich sieht nur auf den Grund des Wassers.

Hopp, ein Schlag mit der Pfote, und schon hat er eine schöne Forelle erwischt.

Schnell in die Tasche.

Friedrich setzt glücklich seine Jagd fort, ohne zu bemerken, daß die Sonne am Horizont versinkt.

„He", sagt die Füchsin und schüttelt Kasimir, den Fuchs, „du hast genug geschlafen. Es ist Zeit, auf den Fischfang zu gehen."

„He? Was?" antwortet Kasimir verschlafen. „Was hast du gesagt?"

Kasimir öffnet ein Auge, dann beide, reibt sich die Schnauze, streckt sich und streckt sich.

„Ach, das tut gut, sich so in der Sonne zu strecken", sagt Kasimir gähnend.

Er schaut einen Augenblick auf die Lichtkringel, die zwischen den Blättern tanzen und schließt die Augen wieder. Die Lichtkringel werden violett. Das ist hübsch. Sie werden blau, und Kasimir ist wieder eingeschlafen.

Als die Sonne sich hinter den großen Bäumen ver-

steckt, schüttelt sich Kasimir und schnuppert den Pfad entlang.

„Schau, schau", sagt er, „das riecht ja ganz wie Fische. Ob Vater Bär zum Fischen gegangen ist?"

Friedrich kommt mit seiner schweren vollen Tasche langsam zurück. Er legt sie einen Augenblick hin, um mit den kleinen Füchsen Versteck zu spielen.

„Das ist ungerecht, Friedrich", sagt ein Füchslein, „du kannst dich in den Bäumen verstecken, du gewinnst immer. Aber kommst du morgen wieder zum Spielen, versprichst du mir das?"

„Versprochen", sagt Friedrich ganz zufrieden und geht, um seine Tasche zu holen.

Es ist schon spät als er nach Hause kommt und Mama Bär sagt: „Dein Vater ist schon ins Bett gegangen. Er war böse, daß du noch nicht zurück bist, iß deine Suppe und geh schnell und ohne Lärm zu Bett."

Enttäuscht hängt Friedrich die volle Tasche in die Speisekammer und schließt sorgfältig die Tür ab.

„Morgen", denkt der kleine Bär, „morgen werde ich Papa und Mama meine Fische zeigen."

Friedrich schläft bald ein und träumt von Fischen, die leicht zu fangen sind, aber die trotzdem wegspringen, ohne, daß er sie zurückhalten kann.

Am nächsten Morgen springt Friedrich voller Freude aus dem Bett und ruft: „Papa, du wirst sehen, eine Überraschung!"

„Hm", antwortet der alte Bär, „was hast du denn erfunden?"

Friedrich läuft zur Speisekammer und hängt die Tasche ab.

„Das ist doch nicht möglich! Die ist ja ganz leicht. Sie ist ja leer! Wer hat meine Fische genommen?"

Wütend läuft Friedrich in den Wald. Dort trifft er seinen Freund, den Frischling. Der fragt überrascht: „Du scheinst verwirrt zu sein, Friedrich. Was ist denn los?"

„Man hat mir alle meine Fische gestohlen."

„Ah, du hast wirklich kein Glück. Warte mal, ich habe eine Idee . . . Na, na – das ist merkwürdig! Man sagt, daß Kasimir, der Fuchs, krank ist. Eine Fischgräte ist ihm im Hals stecken geblieben."

Der junge Bär folgt dem Frischling.

Kasimir muß seinen Diebstahl zugeben.

Der Frischling und der junge Bär erteilen ihm eine Tracht Prügel, die er verdient hat.

„Und nun, Friedrich, kannst du wieder zum Fischen gehen. Du wirst sehen, dein Vater wird stolz auf dich sein."

223

Kerlchen und die Puppe.

Stefanie hat zum Geburtstag eine kleine Katze geschenkt bekommen. Sie ist wunderhübsch, ganz schwarz mit großen blauen Augen und sie heißt Kerlchen.

Bewundernd steht Stefanie vor diesem neuen Spielgefährten, der nur eines im Kopf hat – möglichst viele Dummheiten zu machen.

Ach, der Schelm! Er rennt überall herum, fällt auf dem gebohnerten Boden hin, den er als Eisbahn benutzt. Er zerkratzt die Sessel und die Gardinen und das alles schnell und ohne Mühe. Er ist voller Einfälle. Aber die Mutter des kleinen Mädchens freut sich nicht über dieses Getobe. Sie runzelt die Stirn und bittet Stefanie, Kerlchen gut zu erziehen.

Stefanie versucht, eine perfekte Erzieherin zu werden, und sie erklärt ihrem kleinen Freund, indem sie ihn streichelt, daß er nicht solche Dummheiten begehen darf.

„Miau, Miau", antwortet Kerlchen, dem die Ratschläge seiner lieben kleinen Herrin völlig einerlei sind, „Miau, Miau."

„Ist er so nicht reizend?" Stefanie kann der Versuchung kaum widerstehen, Kerlchen alles machen zu lassen, was er will. Er ist so lustig, so verschmitzt, so fröhlich, daß es wirklich schade wäre, wollte man ihn zum Ruhigbleiben zwingen. Aber die Erwachsenen verstehen nicht immer die Kinder und die Katzen.

Am nächsten Mittwoch, als Stefanie ihre kleinen Freundinnen empfängt, fühlt sich das arme Kerlchen ganz traurig. Er darf die Puppe Jessica nicht anrühren. Man kümmert sich nicht um ihn. Man tadelt ihn, weil er im Sprung den Kinderwagen umgestoßen hat. Da beschließt er, wie eine Puppe zu sein.

Am Abend lehnt er es ab zu spielen. Am Morgen will er seine Milch nicht trinken und schließt die Augen.

Mama ruft den Tierarzt. Der beruhigt sie. „Die Katze ist einfach traurig", sagt er.

„Komm", sagt Stefanie. Sie nimmt Kerlchen in ihre Arme, streichelt ihn und zwingt ihn, in den Garten zu gehen. Dort entwickelt Kerlchen zur großen Freude von Stefanie ihre Lebendigkeit wieder, miaut und springt herum. Stefanie lacht und spielt mit Kerlchen.

Theodora,
die Weckerschluckerin.

Theodora hieß eine brave Boa im Pariser Zoo.

Sie war nicht böse. Einfältig verbrachte sie die meiste Zeit mit Verdauen. Sie schlief und träumte, um einen Ast geringelt.

Theodora hatte einen kräftigen Appetit. Das war ihr größter Fehler. So litt sie oft an Verdauungsschwierigkeiten. Ihr Freund, der Tierarzt, war sehr zornig auf die Schlange und setzte sie den ganzen Tag auf Diät.

Theodora liebte den Tierarzt sehr. Der sprach immer so nett mit ihr, sogar wenn er sie wegen ihrer Verfressenheit tadelte.

Sobald die Schlange aus ihrem Käfig heraus konnte, ging sie in sein Büro. Sie ringelte sich bequem auf dem Sessel. Und so auf dem Kissen liegend fing sie an, ein Nachmittagsschläfchen zu halten.

An diesem Tage fühlte sich Theodora überhaupt nicht wohl. Sie hatte sich die Grippe geholt.

Sie war nicht die einzige. Der Krankenraum war mit Kranken überfüllt. Leider gab es für Theodora keinen Platz mehr. Aber Theodora zitterte vor Fieber. Dann schaute sie den Arzt mit einem wehmütig bittenden Blick an. Ihre Augen sagten, auch ich muß gepflegt werden. Ich würde zu gern gehätschelt sein. Man soll sich ein bißchen um mich kümmern.

225

Der Doktor überlegte. Dann steckte er Theodora in einen Korb und ging zu seiner Frau, um sie um Rat zu bitten.

Diese schlug vor, Theodora zu beherbergen. Sie würde sie pflegen, damit sie schnell wieder gesund würde.

Theodora wurde in einen Waschkorb gelegt. Bei der Heizung war es schön warm. Das war wie im Paradies. Theodora wollte gesund werden, gewiß, aber schön langsam.

Ganz brav schluckte sie ihre Löffel voll Sirup. Der einzige Nachteil war, daß man sie auf Diät gesetzt hatte. Obwohl ihr Magen von der Grippe schlecht war, litt Theodora an Hunger.

An diesem Nachmittag waren der Doktor und seine Frau weggegangen, um einzukaufen.

Theodora langweilte sich so allein in der Wohnung. Sie verließ ihren Korb und ging, um ihre neue Umgebung zu erforschen.

Sie kam in die Küche. Endlich konnte sie sich zu Tisch begeben. Leider war das Geschirr gespült und die Essensreste weggeworfen. Und was den Kühlschrank betraf – es war unmöglich, ihn zu öffnen.

Recht unglücklich kehrte sie wieder in ihren Korb zurück.

Theodora drehte und drehte sich in ihrem Korb und versuchte zu schlummern. „Tick-tack, tick-tack", spottete der Wecker. Wegen dieses bösen Weckers konnte Theodora nicht einschlafen und deshalb auch ihren Hunger nicht vergessen. Dieser verflixte Wecker machte einen höllischen Lärm. Tick-tack, tick-tack. Schließlich reckte Theodora den Hals und verschluckte ihn.

Das war kein guter Einfall, liebe Kinder.

Tick-tack, tick-tack, fuhr der Wecker fort – aber jetzt in Theodoras Magen.

O, Theodora fühlte sich miserabel. Ihr ganzer Körper war von dem tick-tack, tick-tack geschüttelt. Und was ihren Magen betraf, der weigerte sich, diese lärmende Masse Metall anzunehmen.

Der Arzt und seine Frau waren sehr erstaunt, als sie zurückkamen.

Der von Theodora verschluckte Wecker fing an zu läuten. Das ließ den Kopf von Theodora erzittern. Während ihre Kiefer klappten, quollen ihre Augen aus dem Kopf. Und außerdem lachte man noch über sie. Die arme Theodora war am Rande der Ohnmacht. Der Arzt, unterstützt von seiner Frau, beeilte sich, ihren Rachen zu öffnen. Und das lästige Objekt verließ ihre Kehle. Uff.

Sie vergaß diese bösen Augenblicke, während sie Milch mit Honig und Lebkuchen aß und man sie streichelte. Glücklich streckte Theodora dem Wecker die Zunge heraus, schlief endlich ein und träumte bis zum Morgen.

Fluck, das Eichhörnchen.

Nach dem wunderschönen Sommer, nach den Tänzen in den Bäumen des Waldes, kommt der Herbst.

„Jetzt ist es Zeit, Wintervorräte zu sammeln", sagt Mutter Eichhörnchen im Nest in der großen Eiche.

„Dann gehen wir doch", schreien die Eichhörnchen-Kinder. „Fluck, komm mit uns, hilf uns, statt in den Zweigen Zirkus zu spielen."

„Aber ich bin doch ein Akrobat", erwidert Fluck, der Jüngste.

Die Igel, die Wiesel und die Kaninchen ermutigen ihn:

„Bravo, Fluck!"

Am Abend jammern die Brüder: „Fluck holt gar nichts herbei."

„Ich sammle Vorrat an Licht", sagt das kleine Eichhörnchen, das nicht glaubt, daß der Winter kommen wird.

Aber dann ist er auf den Flügeln eines kalten Windes eingetroffen. Brrr. In seinem Nest knabbert Fluck duftende Haselnüsse und sagt:

„Der Schnee funkelt wie tausend Diamanten, das ist hübsch!"

„Werden wir genug Vorrat haben?" fragen seine Brüder. „Du hast nichts getan."

„Kommt, ich erzähle euch den Vorrat an Geschichten, die ich bei dem alten Uhu gesammelt habe."

Die Eichhörnchen vergessen ihren leeren Magen.

„Ich werde Sterne pflücken", verspricht Fluck. „Ich habe für euch ein Fest vorbereitet. Ich habe Vorräte an Licht und von Musik gesammelt."

Die Glühwürmchen bilden eine Girlande, und der Mondschein schimmert zwischen den Bäumen. Einige von seinen Strahlen hängen in den Zweigen.

Die Zikaden haben ihre Gitarren mitgebracht, die Grillen ihre Ziehharmonika.

Fluck sagt Gedichte auf, die Wildhasen tanzen.

„Was für ein wunderschönes Fest, Fluck!"

Fluck ist glücklich darüber, Freude verbreitet zu haben.

Er ist ein Zauberer, mit ihm kann man auf den Frühling warten.

Die Turteltaube.

Titilia, die Turteltaube, war grau, mit einem schwarzen Ring um den Hals. Man hatte sie Oliver geschenkt. Sie gewann ihn lieb, genauso wie er sie.

Von ihrem Käfig aus sah sie den großen Flug ihrer wilden Schwestern und sehr bald langweilte sie sich. Man ließ sie im Zimmer frei und gab ihr so die Freude, ihre Flügel zu öffnen. Aber dieses Vergnügen dauerte nicht lange. Man beschloß, ihr eine Gefährtin zu bringen und die beiden frei zu lassen.

Man baute einen Taubenschlag, den sie nicht mochten. Sie zogen einen leeren Wasserkübel, der an einem Balken der Scheune hing, vor.

Als zum ersten Mal die Zugvögel vorbeikamen, folgten sie ihnen.

Als die Kälte ihre wildlebenden Freunde in mildere Gegenden vertrieb, kamen sie in ihren Schuppen zurück.

Als es an einem Morgen sehr viel geschneit hatte, hörte man ein Gurren, das von dem ihrigen sehr verschieden war. Kaum zu glauben! Zwei aschfarbene Vögel, die zu schwach für den großen Flug waren, kamen zu ihnen, um Zuflucht zu suchen. Sie blieben den ganzen Winter bei ihnen.

Als der Frühling zurückgekehrt war, flogen die aschfarbenen Vögel in den Wald zurück. Eines Morgens setzten sich unzählige Turteltauben auf den blühenden Apfelbaum. Sie blieben, bis der Himmel vor Wolken schwarz wurde und schwirrten mit ihren grauen Flügeln über das Dorf hinweg.

Gute Freunde.

Heute morgen geht Lorenz ganz früh Champignons pflücken. Er hat einen Stock in der Hand und einen Korb am Arm.

Als er an der großen Wiese vorbeigeht, wo die Kühe weiden, grüßt er sie:

„Guten Tag, meine Damen. Ich hoffe, es geht Ihnen gut."

Die Kühe antworten mit Brüllen, die das Kind so übersetzt:

„Möh-ja, Möh, ja-möhöö – danke."

Lorenz läuft auf den kleinen Wald zu, wo er weiß, daß er schmackhafte Pilze finden wird, und das Wasser läuft ihm im Munde zusammen. Mama weiß, wie man Pilze lecker kocht.

Als Lorenz zu pflücken anfängt, erblickt er einen weißen Fleck unter einem Gebüsch. Das ist kein Champignon, das ist – ja, ein verwundeter Dachs in schlechtem Zustand.

„Ich habe meine Pfoten in eine Falle gesteckt", sagt der Dachs mit schwacher Stimme, da er große Schmerzen leidet. „Wenn du mich pflegen könntest, wäre es schön."

Lorenz zögert keinen Augenblick, diesen neuen Freund mit nachhause zu nehmen, dessen Name Tibor ist. Er pflegt ihn mehrere Tage.

Tibor wird schnell gesund. Eines Morgens verkündet er Lorenz, daß er in den Wald zurückgehen wird. Aber er beruhigt seinen Freund, der darüber ein wenig traurig ist.

„Wir werden uns jeden Tag vor meinem Bau treffen."

Das Kind und der kleine Dachs kehren in den Wald zurück und erleben eine schlimme Überraschung. Der Bau von Tibor ist zerstört.

„Was wird jetzt aus mir?" jammert Tibor.

Lorenz tröstet ihn und verspricht, ihm beim Wiederaufbau seines Baues zu helfen.

Lorenz und Tibor machen die traurige Erfahrung, daß es gar nicht so leicht ist.

231

Es wäre ein Platz neben dem Bau von Fino, dem Fuchs, frei und er wäre passend. Aber Fino zetert:

„Ich will so nah keinen Nachbarn!"

„He", protestiert der Hase Rix, ein bißchen weiter weg, „meine Kinder brauchen Auslauf. Diese Böschung gehört mir".

Tibor ist schlechter Laune. Er antwortet zornig: „Ihr seid keine richtigen Freunde. Ihr könnt euch nicht einschränken, um jemand anderem einen Gefallen zu tun."

Der Fuchs und der Wildhase kümmern sich überhaupt nicht um Tibors Vorwürfe und Lorenz tröstet seinen kleinen Freund: „Wir werden wohl eine Stelle finden, du wirst schon sehen, Tibor. Man soll nicht verzweifeln."

Und tatsächlich, das geschieht bald. Lorenz entdeckt zur gleichen Zeit wie der Dachs eine passende Stelle, wo in Hülle und Fülle Farnkräuter wachsen. „Da ist ja, was wir brauchen. An die Arbeit!" rufen sie fröhlich.

Die Erde spritzt um sie herum, während die kleinen Farnkräuter erstaunt sind, daß hier plötzlich gegraben wird, und sie flachgelegt werden.

„Ich pflanze euch wieder ein", verspricht Lorenz. „Jetzt ist es erstmal notwendig, daß wir meinem Freund Tibor ein Haus bauen." Die Farnkräuter bewegen entrüstet ihre Blätter. Aber Tibor und Lorenz kümmern sich nicht darum. Die Zeit vergeht schnell.

Lorenz gräbt und Tibor auch. Beide arbeiten ohne Pause und singen ein fröhliches Lied, das der kleine Junge gedichtet hat:

Wir graben hier im Wald,
das andere Haus war alt;
jetzt kriegt der Freund ein Schloß
das ist nochmal so groß.
Und wenn sich's machen läßt,
dann feiern wir ein Fest.
Wir graben voller Fröhlichkeit
und kennen keine Müdigkeit.
Wann ziehn wir denn hier ein?
Das kann schon morgen sein!

Lorenz ist ganz erhitzt. Tibor ist ganz schmutzig. Aber beide sind sehr gut gelaunt. Als die Nacht hereinbricht, haben sie schon eine Galerie und ein großes Zimmer gebaut, wo Tibor seine Vorräte stapeln wird.

Jedoch nach einer Sekunde setzt sich Lorenz gähnend auf den Boden. Und Tibor setzt sich daneben. Sie können nicht mehr.

„Wir werden weitermachen", sagt Lorenz, der sich jetzt ins Gras legt, um zu schlafen. Das findet Tibor auch. Er wischt sich seine kleinen Pfoten mit ein paar Blättern ab.

Am nächsten Morgen, als die Sonne aufgeht, fangen Tibor und Lorenz wieder tapfer an zu arbeiten.

Heute bauen sie ein Zimmer, das sie vollkommen mit Moos austapezieren. Es hat verschiedene Notausgänge und sieht ganz toll aus.

Lorenz klatscht begeistert in die Hände.

„Das ist genauso schön wie eine Burg", sagt er.

Und Tibor findet das auch.

Jetzt geht es darum, die Wintervorräte zu sammeln und Tibor macht sich fröhlichen Herzens an die Arbeit. Lorenz hilft nach besten Kräften.

233

Tag um Tag füllt sich die Kammer, und als der Winter kommt, verabschiedet sich Tibor von Lorenz.

„Wir werden uns im nächsten Frühling wiedersehen. Viel Glück!"

„Ich werde sehr an dich denken", verspricht das Kind seinem kleinen Freund.

Der Schnee weht seine ersten Flocken über den Wald. Das ist gut für den Wintersport, den Lorenz betreibt, bis es Frühling wird.

Und als es soweit ist, läuft Lorenz zu Tibors Bau. Er ist sicher, daß Tibor herauskommt, sobald er ruft.

„Tibor, mein kleiner Freund, ich bin da, ich bin's", ruft Lorenz.

Aber leider, Tibor ist zwar nicht weit vom Bau, doch er hört nicht, denn er ist in Gesellschaft von einem Fräulein Dachs.

„Das ist doch nicht möglich", denkt Lorenz ganz traurig. „Tibor hat mich vergessen." Langsam geht er nach Hause, ohne die hübschen Primeln, die wie goldene Punkte in der Wiese sind, zu pflücken.

Aber einige Zeit später, als Lorenz gerade mit seinem Freund, dem Kuckuck, Versteck spielt, nähert sich Tibor ganz leise.

„Ich muß dir eine Neuigkeit mitteilen, Lorenz, komm mal mit."

Die Überraschung ist groß. Tibor hat geheiratet und Lorenz kann es kaum glauben: Tibor hat vier prächtige Kinderchen.

„Meinen Glückwunsch", sagte der kleine Junge erfreut, „sie sind wirklich ganz reizend."

Alle sieben tanzen jeden Tag Ringelreihen.

Miel, der kleine Cocker-Spaniel.

Auf dem Bauernhof nebenan sind drei kleine niedliche Hunde eben auf die Welt gekommen. Die stolze Hundemama hat ihnen hübsche Namen gegeben: Bella, Topas und Miel.

Mit der Zeit wachsen die kleinen Hunde heran. Aber Mama Spaniel wird allmählich nervös, weil die Ohren von Miel immer länger werden, so daß sie auf dem Boden schleifen. Wenn Miel läuft und springt, stößt er mit seinen langen Ohren die Blumentöpfe der Bäuerin und den Milchnapf der Katze um. Nachts kann niemand auf dem Bauernhof mehr schlafen. Die langen Ohren von Miel kitzeln Bella und Topas immer an der Nase, so daß sie nicht aufhören, zu niesen.

Mama Spaniel weiß sich keinen Rat mehr.

235

Eines Morgens, als gerade eine kleine, unverschämte Maus den armen Miel in sein langes rechtes Ohr gebissen hat, hat der junge Spaniel genug. Länger macht er das nicht mehr mit!

Der kleine Hund läuft so schnell er kann, nach Hause und beklagt sich bei seiner Mama.

„Weine nicht, mein Kleiner", tröstet ihn Mama Spaniel. „Wenn du erst mal richtig erwachsen bist, wirst du fast genau solche Ohren haben wie alle anderen Hunde auch."

Warum sind denn gerade meine Ohren so lang? Andere Tiere haben lange Schnäbel, lange Beine, lange Zähne und haben trotzdem keinen Ärger damit. Ich werde sie mal fragen, wie sie das machen, denkt der kleine Hund.

Miel läuft durch die blühende Wiese, wo die Fohlen in der Sonne spielen.

Miel begrüßt sie und fragt:

„Warum habt ihr so lange Beine?"

„Damit wir schneller laufen können, kleiner Dummkopf", antworten sie und galoppieren davon.

Betrübt trottet Miel zum Fluß, wo er zwei Biber trifft.

„Guten Tag – warum habt ihr eigentlich so lange Zähne?"

„Wir benutzen unsere Zähne als Säge", antworten die Biber, „schade, daß wir nicht so lange Ohren haben wie du. Dann würden wir damit rudern können", fügen sie neckend hinzu.

Jetzt ist Miel ganz traurig. Er legt sich am Ufer nieder und schaut trübsinnig drein. Da kommt ein grüner Laubfrosch daher und macht es sich mit einem Sprung auf Miels langen Ohren bequem, wie auf einem schönen, weichen Polster. Zwei Kätzchen, die sich in der Nähe sonnen, finden das so komisch, daß sie ganz laut zu lachen anfangen. Dabei haben sie nicht aufgepaßt und plumps – fallen sie ins Wasser.

Jetzt ist ihnen das Lachen aber vergangen. „Hilfe, Hilfe!" miauen sie.

Miel springt sofort in den Fluß, wo die Kätzchen sich schleunigst an seine Ohren klammern und auf seinen Rücken klettern. So rettet Miel sie vor dem Ertrinken.

Kurze Zeit darauf loben alle Tiere auf dem Bauernhof den mutigen, klugen, kleinen Hund und feiern ein großes Fest.

In der Zwischenzeit ist Miel ein großer Spaniel geworden. Seine Ohren sind nun ganz normal. Keiner macht sich mehr darüber lustig.